Petites histoires pour futurs et ex-divorcés

du même auteur
chez le même éditeur

Le mec de la tombe d'à côté (1re édition 2006 ; 2010)
Les larmes de Tarzan (2007)
Entre Dieu et moi, c'est fini (2007)
Entre le chaperon rouge et le loup, c'est fini (2008)
La fin n'est que le début (2009)
Le caveau de famille (2011)
Mon doudou divin (2012)
Le Viking qui voulait épouser la fille de soie (2014)
Ma vie de pingouin (2015)

La plupart des ouvrages de Katarina Mazetti sont aussi disponibles en poche (Babel, Actes Sud)

en coédition avec les Éditions Thierry Magnier Jeunesse
Les cousins Karlsson – Espions et fantômes (2013)
Les cousins Karlsson – Sauvages et wombats (2013)
Les cousins Karlsson – Vikings et vampires (2014)
Les cousins Karlsson – Monstres et mystères (2014)
Les cousins Karlsson – Vaisseau fantôme et ombre noire (2015)
Les cousins Karlsson – Papas et pirates (2016)
Les cousins Karlsson – Carte au trésor et code secret (2017)

en livre audio (Audiolib)
Le mec de la tombe d'à côté (2011)
Le caveau de famille (2011)
Ma vie de pingouin (2015)

Katarina Mazetti

Petites histoires pour futurs et ex-divorcés

traduites du suédois par Lena Grumbach

GAÏA ÉDITIONS

Gaïa Éditions
82, rue de la Paix
40380 Montfort-en-Chalosse
téléphone : 05 58 97 73 26

contact@gaia-editions.com
www.gaia-editions.com

Titre original :
Berättelser för till-och frånskilda

Illustration de couverture :
© 123RF / Stas Knop

Images intérieures :
© Rasdesign / Anne-Valérie Guerber pour Gaïa Éditions

ISBN 13 : 978-2-84720-769-9

L'œil composé, ou l'œil à facettes, propre aux insectes et aux crustacés, est constitué d'un ensemble de récepteurs sensibles à la lumière, appelés des ommatidies.

(…) Les yeux composés de certains arthropodes possèdent peu d'ommatidies, chacune cependant pourvue d'une rétine permettant la création d'une image. La vision de ces arthropodes est ainsi basée sur plusieurs images d'angles de vue différents se juxtaposant en une seule, de très haute résolution. (Wikipedia)

Tous mes remerciements à mes ex-maris
et aux amis qui m'ont fait part de leurs expériences

« I used to always think
I would look back on us crying and laugh,
but I never thought I would look back
on us laughing and cry. »*

RALPH WALDO EMERSON

---

* Je croyais toujours qu'en pensant à nos larmes, j'en rirais,
Jamais je n'aurais cru qu'en pensant à nos éclats de rire, j'en pleurerais.

Au diable Downton Abbey !

Comment a-t-on pu se retrouver aussi nombreux pour le repas de Noël ? Je n'en reviens pas.

On ne devait être que quatre cette année. La Nouvelle Famille : Kristian, ses enfants et moi. Et voilà qu'en regardant ma table, je voyais neuf personnes, plus un nourrisson, en train de jacasser !

Certains agitaient frénétiquement couteaux et fourchettes, les joues écarlates après tout le vin chaud qu'ils avaient bu. Une dame s'occupait du bébé qui pleurait, sa maman était en train de sortir une vieille cigarette à moitié fumée d'un paquet froissé, un homme plus tout jeune avait le visage barbouillé de mayonnaise et un ado bravait les lois de la pesanteur en se balançant bien imprudemment sur sa chaise. S'il se cassait la figure, ce serait bien mérité. Et cette chose qui pointait sous la table, n'était-ce pas la truffe d'un chien, une grosse truffe dégoulinante de gras ? À qui était-il, ce cabot ?

J'observais les personnes attablées. Nous avions été obligés de mettre les deux rallonges et du coup, ma nappe n'était pas assez grande, j'avais dû en mettre bout à bout deux dépareillées. L'une, d'un rouge cinabre chaud avec de fines rayures pailletées était toute jolie et fraîchement repassée. C'était celle que j'avais prévue pour ma table de Noël, je l'avais soigneusement choisie dans un magasin de décoration intérieure. L'autre était rouge bordeaux, fanée et terne après d'innombrables lessives, elle avait encore des taches que j'avais essayé de dissimuler sous des bougeoirs et des petits pères Noël décoratifs. J'avais eu l'intention de la jeter, ils n'en auraient pas voulu même chez Emmaüs.

C'était notre premier Noël ensemble, à Kristian et moi ;

j'avais emménagé chez lui l'été précédent. Je voulais qu'il soit spécial, et j'avais concocté un réveillon anglais, un peu façon *Downton Abbey*. Des branches de houx partout, des touffes de gui dans l'encadrement des portes, un immense sapin décoré de guirlandes argentées et, posés tout autour, des paquets-cadeaux au papier doré et aux rubans écossais. Sur le menu, de la dinde et du pudding de Noël fait maison flambé au cognac, j'avais même prévu des petits chapeaux rigolos et des *Christmas crackers*.

Je crois que j'avais eu une sorte de vision de Kristian, ses deux ados maussades et moi dans la douce lumière des bougies, tirant sur les extrémités des papillotes et nous bouchant les oreilles quand le petit pétard explose. Nous allions trinquer et faire tinter nos verres et boire le savoureux punch de Noël que j'avais confectionné moi-même, ils allaient pousser des oooh et des aaah quand j'imbiberais le pudding de cognac et le ferais flamber, et pour finir ils ouvriraient leurs cadeaux, assis devant le sapin, des larmes de reconnaissance plein les yeux.

Que nenni !

Avec beaucoup de précautions, j'avais d'abord proposé à Kristian que ses enfants passent Noël chez leur mère pour notre premier réveillon ensemble, mais il s'était avéré que Sigrid Amelia – elle exige qu'on l'appelle par ses deux prénoms – venait de tomber amoureuse d'un négociant en diamants hollandais qui avait pour projet d'émigrer en Afrique du Sud. Il l'avait invitée à Pretoria dans sa villa blanche à la façade recouverte de bougainvillées. Elle allait rester quelques mois là-bas pour voir si elle s'y plaisait et pouvait envisager de s'y installer. Le négociant ne s'intéressait pas aux enfants, et le climat n'était de toute façon pas bon pour eux, prétendait Sigrid Amelia. C'était donc par bonté de cœur qu'elle laissait Arvid, dix-sept ans, et Louise, quatorze ans, fêter Noël avec leur père, et avec la personne qu'elle appelait la Remplaçante avec un petit rire. Moi, donc.

Kristian avait l'air joyeux quand il me l'a annoncé. De mon côté, j'ai affiché un sourire figé.

Sigrid Amelia vient d'une soi-disant Famille Distinguée, elle est fraîche et imperturbable, j'ai toujours soupçonné Kristian d'avoir un peu peur d'elle. Et Arvid et Louise sont tout aussi frais, ils me parlent comme si j'étais une employée de maison permettant de bénéficier d'un crédit d'impôt, ils ne se rappellent jamais vraiment mon prénom. Je les ai entendus parler dans le vestibule il y a quelques semaines.

– À ton avis, quel genre de réveillon on va avoir avec Rempla ? disait Arvid à Louise. *Disney Noël* à la télé, l'éternel jambon entier sur la table, *Douce Nuit* version musette ? Et des cadeaux achetés chez Gekås à Ullared ? Ça a beau être le grand magasin le plus célèbre de Suède, c'est quand même du low-cost.

Et ils se sont marrés.

J'ai été tellement blessée que j'ai commencé à dresser les grandes lignes de cette idée baroque d'un réveillon à la *Downton Abbey*. J'allais leur offrir un Noël digne d'un manoir, avec des traditions en veux-tu en voilà ! J'ai évidemment été obligée de commander spécialement le houx, et le sapin argenté aussi. Et la dinde, qui n'a rien de suédois, venait de chez un traiteur hors de prix. Mais j'ai préparé le pudding moi-même, en catimini, plusieurs semaines à l'avance comme il se doit, et ça n'a pas été une mince affaire, cuisson à la vapeur pendant sept heures ! J'avais réservé la préparation du punch de Noël pour le matin du 24.

Et pendant tout ce temps où j'élaborais notre réveillon de château anglais, j'ai dû serrer les dents pour ne pas penser au traditionnel riz au lait suédois et aux hyacinthes, aux maisons en pain d'épice et au classique hareng mariné. Aux yeux des morveux, tout ça doit être aussi beauf que les orchestres ringards qui font guincher les vieux, les Vikingarna en tête.

La veille du réveillon, Kristian a été appelé pour aller aider son ex-belle-mère, sa chaudière était tombée en panne.

En revenant, il est resté devant moi à trépigner un instant, l'air malheureux, en marmonnant dans sa barbe. Il avait de toute évidence quelque chose à m'avouer.

– Écoute, a-t-il fini par dire. C'est… Je n'ai pas réussi à réparer la chaudière de Madeleine. Il fait un froid de canard chez elle. Alors je l'ai invitée à fêter Noël avec nous. Elle attend dans la voiture.

Je n'avais rencontré Madeleine Silverfeldt que deux fois. La première, elle m'avait examinée de la tête aux pieds avant de déclarer à Kristian : « Aha, voilà donc la petite créature que tu t'es trouvée ? Eh ben, dis donc, on aura tout vu ! »

La deuxième fois elle m'avait demandé si je connaissais le conseiller municipal Ohlin, un vieil ami à elle et à son défunt mari. Je ne le connaissais pas. Je ne connaissais pas non plus le proviseur du lycée, ni le médecin chef Landegren ni Lisbeth von Knorring, propriétaire d'une chaîne de boutiques. J'avais secoué la tête et senti que je rétrécissais de cinquante centimètres. Mme Silverfeldt avait poussé un petit soupir et m'avait distraitement tapoté la joue avant de se détourner de moi.

Et c'est cette femme que Kristian avait invitée pour Noël ! De quoi allions-nous parler ? De Sigrid Amelia quand elle était petite ?

Mais ça, ce n'était que le début.

Mon ex-belle-mère par procuration a fait son entrée avec une valise sur roulettes plus un grand vanity rond qu'elle a posés dans le vestibule. Elle a jeté un œil inquisiteur autour d'elle comme si elle cherchait le groom de l'hôtel.

– Je dors où ? a-t-elle demandé.

C'était donc moi, le réceptionniste en charge ici. J'ai

fusillé Kristian du regard. Il a tangué un peu, a cillé nerveusement.

La porte d'entrée s'est ouverte encore une fois.

C'était Louise. Accompagné de sa meilleure amie, Nettan.

– Nettan va passer les vacances chez nous, a-t-elle annoncé. Ses parents ne fêtent pas Noël, ils sont musulmans, ou genre, et en plus c'est le ramadan, ils ne font que jeûner. Elle préfère venir ici. Tiens, mamie, bonjour !

Elle a gratifié sa grand-mère d'un vague hochement de tête, puis a disparu dans sa chambre avec sa copine. Avant de fermer la porte, elle a réclamé des draps et une couverture, en ne s'adressant à personne en particulier. Kristian a sauté sur l'occasion pour se sauver en marmonnant qu'il allait chercher les draps.

– Boooon… a dit Madeleine.

Elle a fait un geste gracieux avec une main. Comme pour dire : « Qu'est-ce que tu attends ? Montre-moi ma chambre ! »

– Nous avons une chambre d'amis aménagée au sous-sol, ai-je dit, à contrecœur.

– Nous ? Ah, tu veux dire que *Kristian* a une chambre d'amis. Oui, je le sais. Mais je ne peux pas dormir dans une cave. Mes articulations, tu comprends. Avant, je prenais toujours la chambre à coucher, avec Sigrid Amelia. Kristian s'accommodait très bien du sous-sol !

Pour la première fois, je me suis demandé si l'homme qui m'avait fait craquer deux ans auparavant était bien celui que j'avais cru, ou plutôt une mauviette qui obéissait encore à son dragon d'ex-belle-mère et à ses enfants pourris gâtés. Qui se laissait mener par le bout du nez pendant que la mère des enfants se vautrait dans le luxe à des milliers de kilomètres de là. Elle me faisait d'ailleurs une peur bleue, à moi aussi.

– Excusez-moi ! ai-je murmuré, et je me suis précipitée en bas de l'escalier de la cave.

J'ai trouvé Kristian comme pétrifié devant l'armoire à linge. Comme s'il s'attendait à ce qu'un squelette tombe des étagères.

– Je prendrai la chambre d'amis, mais toi, tu iras dormir dans le garage ! ai-je sifflé. Sinon je file en Afrique du Sud, moi aussi !

Mon pauvre Noël *Downton Abbey*. J'avais pensé qu'on jouerait aux charades aussi, peut-être qu'on lirait à haute voix quelques contes de Noël de Dickens, qu'on créerait des liens. Les quatre membres de notre petite famille.

Mais le pire était à venir.

*

Au matin du réveillon, j'étais dans la cuisine dès l'aube en train de pester contre le punch anglais dont j'avais trouvé la recette sur Google. Il est devenu de plus en plus inqualifiable. Une bouteille de rhum, une bouteille de vin rouge et une grande quantité de thé bien fort. Les Anglais boivent-ils réellement des mixtures pareilles ?

Quelqu'un a frappé à la porte de la cuisine juste quand j'étais en train de transvaser l'étrange breuvage dans un grand saladier, avec un frisson de dégoût. C'était Edvard, un des copains d'Arvid dans la catégorie assez pouilleux, aux longues dreadlocks crados et vêtu d'une sorte de veste d'uniforme.

– Salut Rempla ! a-t-il dit en entrant sans façon. Est-ce que ton quasi-fils est levé ?

Tous les copains des enfants m'appellent Rempla désormais, et ils me traitent tous comme si je faisais partie des meubles.

Arvid s'est pointé, encore en pyjama et sans se presser.

– Salut mec ! On file dans ma chambre ! Ça craint ici ! s'est-il exclamé avec un regard dégoûté sur la table du petit-déjeuner que j'avais commencé à préparer. Hey, mais c'est quoi, ça ? a-t-il ajouté en apercevant le saladier rempli de punch.

Avant que j'aie eu le temps de répondre, il a attrapé une énorme tasse à thé en porcelaine Spode et a puisé un demi-litre de punch avant de disparaître dans sa chambre avec Edvard.

Louise a rappliqué, presque en dansant, vêtue d'une chemise de nuit au décolleté généreux garni de dentelles noires, qui aurait fait son petit effet dans un bordel. Elle avait probablement entendu Edvard arriver, elle le vénère.

– On a faim ! a-t-elle marmonné.

Elle aussi a regardé mon buffet de petit-déjeuner avec horreur.

– Pouah, encore de la viande, toujours de la viande ! Tu saaaiiis pourtant que je suis végétarienne !

Elle a happé un pain de seigle aux raisins secs au passage, et plusieurs fromages, avant de se sauver.

J'ai fermé les yeux. Sans me douter de ce qui m'attendait.

Vers onze heures, j'ai envoyé Kristian acheter d'autres pains dans la petite épicerie au bout de notre lotissement. Elle est tenue par un vieux Grec, dont la femme vient de mourir. Son magasin est tout ce qui lui reste. Un vieil homme aimable avec un fond de barbe grise et de lourds yeux sombres. « Quépuichepourrevou ? »

Kristian est revenu un quart d'heure plus tard, il est resté à piétiner devant moi de nouveau. Derrière lui se tenait le Grec, et derrière le Grec j'apercevais encore une autre personne.

– C'est le premier Noël de M. Papageorgiou depuis qu'il est veuf, a marmonné Kristian. Alors je lui ai proposé de…

Il s'est tu. Une jeune femme potelée a joué des coudes

pour passer devant les deux hommes et venir m'examiner de près. Je l'ai reconnue, elle vit derrière la boutique de Papageorgiou dans une caravane qui a échoué là quand la commune a délogé les occupants d'un terrain municipal. Le vieil homme la laisse utiliser sa salle de bains et ses toilettes, les voisins ont beaucoup spéculé sur ce qu'elle peut bien lui proposer comme loyer.

– Eh oui, ton mec est un peu toqué, je crois, il nous a invités tous les deux, aussi bien Jannis que moi ! a-t-elle ri. Jannis adore les Noëls suédois, surtout les dessins animés de Disney à la télé, et les caravanes, ça vaut rien pour le réveillon, comment veux-tu que le Père Noël passe par la cheminée ? Ahahaha ! J'ai ma petite Britney avec moi, elle est dehors dans le landau, j'espère que ça pose pas de problème si je la rentre ? Au fait, je m'appelle Linda.

On a rentré la petite Britney et on l'a déballée, c'était un petit bout de chou de deux mois. Linda s'est laissée tomber dans un fauteuil et, sans la moindre gêne, a sorti un sein, aussi grand que le bébé.

– Sympa la déco ! a-t-elle dit en regardant notre salon. T'es fan de *Downton Abbey*, on dirait.

Edvard est arrivé en titubant, une branche de gui glissée dans ses dreadlocks, il s'était mis en tête d'embrasser toutes les femmes qu'il croiserait.

J'ai entendu un toussotement discret à côté de moi. Madeleine dévisageait Linda avec une aversion manifeste.

– Sigrid Amelia ne l'aurait *jamais* permis ! a-t-elle dit d'un air pimbêche. Mais comme de toute évidence vous avez pris de nouvelles habitudes dans sa maison, je suppose que ce n'est pas grave si moi aussi j'ai invité quelqu'un, une petite dame que je connais, on est bénévoles toutes les deux à la Croix-Rouge. Elle n'a pas de famille.

À partir de là, j'ai eu des trous de mémoire. Je sais que Kristian m'a aidée à préparer le repas composé de ma dinde et de mes saucisses aux épices, mais aussi de tranches de jambon invendues que M. Papageorgiou avait apportées de sa boutique avec de la salade mimosa périmée et du pain de seigle. Il y avait aussi un horrible chou-rave à moitié cru, la contribution de Louise et Nettan. Elles l'avaient grillé au four elles-mêmes, brûlé plutôt, elles appelaient ça « du jambon végétarien » et elles en étaient très fières.

Le déjeuner a été un cauchemar. Arvid et Edvard s'étaient arsouillés au punch et ont raconté des blagues douteuses tout au long du repas, à tue-tête et pliés de rire. L'amie de Madeleine, une veuve de pasteur, les a fixés, les yeux écarquillés d'effarement. Pour sa part, Madeleine a eu un accès de sociabilité, elle s'est penchée vers Nettan et lui a demandé en anglais quel était son pays d'origine. Nettan, qui a une jolie peau brun sombre, lui a sifflé avec l'accent du Småland qu'elle avait grandi à Värnamo. M. Papageorgiou n'a pas arrêté de consulter sa montre. « Il a peur de louper Mickey et Donald ! » a rigolé Linda. Quant à elle, elle a sorti à tout bout de champ son paquet de cigarettes bosselé pour s'en griller une, mais Kristian est discrètement intervenu chaque fois et s'est chargé de Britney pendant que Linda sortait fumer dehors. Le bébé sentait terriblement mauvais. Et j'ai fini par comprendre que le chien, c'était le vieux clebs de M. Papageorgiou qui pointait sans arrêt son museau huileux pour quémander de la nourriture à tout le monde.

Kristian et moi, on a cavalé comme des dératés pour remplir des verres et des plats, couper du pain, du jambon, des tourtes et des fromages. On n'a pas eu le temps de manger du tout.

Quand finalement j'ai posé le pudding de Noël sur la table, j'ai frappé dans les mains pour demander l'attention de tous, mais le vacarme était tel que personne ne m'a entendue. J'ai versé du cognac sur la préparation, cuillerée par cuillerée, et j'ai allumé pour la flamber comme il se doit. Le gâteau a brûlé d'une jolie flamme bleue jusqu'à ce qu'Edvard crie « Vous inquiétez pas, je m'en occupe ! » et le recouvre de mon plaid en laine hors de prix pour étouffer le feu. Au passage il a renversé quelques bouteilles et verres aussi, et il a eu l'air très fier de lui. Louise s'est jetée à son cou pour le remercier, elle jacassait pire qu'une pie. La veuve de pasteur et Britney hurlaient.

J'ai subitement compris que je l'avais, mon Noël façon *Downton Abbey*, complet et total, avec une famille *upper class* flemmarde autour de la table, et Kristian et moi comme domestiques se mettant en quatre pour satisfaire leurs moindres désirs.

– Tout le monde se tait ! ai-je hurlé pour couvrir le boucan. Ça suffit comme ça ! Vous n'êtes pas à l'hôtel et je ne suis pas votre bonne !

Un silence de mort s'est installé. Tous me dévisageaient. Le chien a poussé un gémissement et le bébé s'est tu.

– Un peu de tenue, voyons, sinon vous n'avez rien à faire ici ! Arvid, tu ôtes tes pieds de la table. Edvard, tu me vires cette couverture et tu aides Arvid à débarrasser. Les filles, vous rincez la vaisselle, vous la rangez dans la machine et vous mettez les restes au frigo. Il y a des Tupperware dans le meuble à côté de la cuisinière. Monsieur Papageorgiou, installez-vous dans le canapé et servez-vous des fruits et des noix. Bien sûr que vous allez regarder les dessins animés, si ça vous fait plaisir ! Madeleine, vous lavez les casseroles et les grands plats de service ! Kristian, tu prépares du café, bien fort, tu fais avaler quelques tasses à Edvard, et ensuite tu pourras ouvrir les boîtes de chocolat ! Linda, vous changez votre bébé immédiatement !

J'ai allumé la télé où Mickey était en train de souhaiter la bienvenue à tout le monde. J'ai pris le saladier avec le punch, j'ai appelé le chien qui s'est levé tout de suite et m'a suivi. Je suis allée vider l'infect mélange au pied du lilas gelé devant la porte, puis j'ai attrapé mon manteau et j'ai mis mes bottes. On aurait entendu une mouche voler dans le salon, et ça m'a laissée de marbre.

La lune était levée, la neige avait commencé à tomber, de gros flocons doux et scintillants. Un petit lapin a gambadé devant moi sur quelques mètres et des voisins sortis dans leurs jardins m'ont saluée avec de grands gestes, quelqu'un a lancé Joyeux Noël ! C'était comme si un metteur en scène hollywoodien s'était installé là et venait de crier : « Action ! »

J'ai fait une grande promenade à travers le lotissement. Dans toutes les maisons, j'apercevais des gens à la lueur de la télé. Je suis allée jusqu'à la caravane de Linda derrière l'échoppe. Un petit sapin insoumis, décoré d'une guirlande multicolore, clignotait gaiement devant la porte.

J'imagine que la veuve de pasteur et Madeleine ont largement eu le temps de ficher le camp en taxi, ai-je pensé. Kristian aura pris une chambre au Grand Hôtel pour Madeleine, il aura tout payé en s'excusant platement. Edvard a dû traîner Arvid en ville, ils seront bientôt HS tous les deux. Les filles sont dans la chambre de Louise en train de dire du mal de Rempla en vidant la boîte de chocolats. Louise ne me parlera pas pendant des semaines. Si Linda et M. Papageorgiou sont encore là, je vais leur proposer un peu de *Janssons frestelse*, j'ai toujours du succès avec mon gratin de pommes de terre aux anchois.

Le vieux chien a gémi, il était fatigué et avait tout plein de billes de glace sous ses coussinets.

– Pauvre bête ! On va rentrer à la maison maintenant. Ou ce qui en tient lieu.

J'ai débarrassé mes bottes de la neige avant d'entrer par la porte de derrière.

Il n'y avait personne dans la cuisine qui était propre et rangée, une agréable odeur de café flottait dans l'air. Le lave-vaisselle faisait son travail. J'ai jeté un regard étonné autour de moi. Dans le frigo, j'ai trouvé les restes à l'abri dans des boîtes en plastique, et le jambon soigneusement entouré de papier alu. Je suis allée dans le salon.

Le bébé et M. Papageorgiou dormaient paisiblement dans un des deux canapés. Les filles étaient assises dans l'autre, occupées à casser des noix et des noisettes. Madeleine et la veuve mangeaient du chocolat tout en jouant aux cartes devant la fenêtre. Linda regardait la partie et donnait des conseils. Edvard était vautré dans un fauteuil, la guitare d'Arvid entre les mains. Il a entamé *Dans une étable obscure* avec une voix rauque de bluesman, tout en s'accompagnant. La voix de cristal de Nettan s'est mêlée à la sienne vers la fin. C'était d'une beauté à couper le souffle.

– Salut Rempla, a dit Louise en m'adressant un sourire presque timide. On pourra ouvrir les cadeaux maintenant ?

J'ai hoché la tête. Les mots me manquaient. Kristian a surgi derrière moi, il m'a entourée de ses bras. Puis il s'est accroupi devant le tas de cadeaux et a commencé à les distribuer, sans tenir compte de ce que disaient les étiquettes. Il a simplement tendu un paquet à chacun. Tout le monde a ri quand M. Papageorgiou a reçu une crème de nuit luxueuse et le bébé un iPhone.

Ensuite on a joué aux charades et on a cassé encore des noix et des noisettes. Kristian nous a lu un conte de Noël de Selma Lagerlöf extirpé de notre bibliothèque. Vers dix heures du soir, j'ai réchauffé la *Janssons frestelse*, et ensuite M. Papageorgiou et Linda sont rentrés chez eux. C'est lui qui poussait le landau dans la neige fondue et elle le tenait sous le bras pour ne pas glisser dans ses minces souliers éculés. La veuve de pasteur, qui s'appelle Dorothy, a-t-on fini par apprendre, est partie en taxi. Elle s'est confondue en remerciements, disant qu'elle n'avait pas mangé une dinde aussi bonne depuis son enfance qu'elle avait passée dans un manoir en Angleterre. Madeleine a bâillé, elle a porté le plat du gratin dans la cuisine et l'a lavé. Puis elle s'est faufilée dans la chambre en m'interrogeant du regard.

– Dormez bien ! lui ai-je dit.

Les jeunes sont montés dans la chambre de Louise et bientôt on a entendu des bruits d'explosions et des fous rires. Ils jouaient à des jeux vidéo.

– Tu sais pourquoi j'ai invité Madeleine ? me dit Kristian tard dans la nuit quand nous sommes serrés dans le lit de la chambre d'amis au sous-sol. Je n'ai pas pu m'en empêcher quand j'ai compris qu'elle avait détraqué la chaudière elle-même, ça sautait aux yeux. Elle a dû attendre un bon moment que la maison se refroidisse. Elle n'a pas d'amis chez qui se réfugier, il n'est pas difficile de comprendre pourquoi... Sigrid Amelia ne semble d'ailleurs pas avoir donné de ses nouvelles de là-bas, parmi les bougainvillées, ça lui ressemble, elle ne fait jamais grand cas des sentiments des autres. Pas un mot aux enfants non plus. Tu vas voir, elle leur enverra probablement quelques diamants en janvier, avec une carte pour se plaindre de la poste qui aurait égaré ses lettres.

Oui, je me dis. C'est normal d'être triste quand votre maman ne s'investit pas plus que ça, et c'est évident que vous vous vengez sur Rempla qui, elle, a répondu présent et sur qui vous pouvez taper.

– Et monsieur Papageorgiou était en train de pleurer quand je suis arrivé pour acheter le pain, poursuit Kristian. Linda essayait de le consoler, elle avait ouvert un paquet de serviettes en papier pour qu'il puisse se moucher. Il fallait bien que je les invite aussi. Pas vrai ?

Je sens qu'il me jette un regard inquiet dans le noir.

– Bien sûr ! je dis. Et c'est devenu un réveillon... presque magique !

Je suis sincère. Si je suis tombée amoureuse de Kristian précisément, et pas d'un autre, ce n'est pas un hasard. Et en fin de compte, je n'ai pas eu à servir les maîtres dans le salon, parce que les domestiques qui triment au sous-sol, ça appartient au passé. Si j'avais vécu à cette époque-là, je me serais effectivement trouvée dans la cave avec le personnel, il n'y a pas de châtelains parmi mes ancêtres !

– Mais c'est une sacrée gueulante que tu as poussée ! glousse Kristian. Tu n'as jamais envisagé d'intégrer l'armée ? Tu aurais fait un excellent sergent !

Libre de toute dette

Jeanette Silverhake était vêtue d'une robe en laine souple couleur rouille, sous un petit tablier assorti en tissu Laura-Ashley.

– Aujourd'hui, nous les femmes, nous avons la liberté de choisir, n'est-ce pas ? dit-elle en souriant à la journaliste. Nous avons montré que nous sommes capables de faire carrière, de devenir PDG ou de gérer notre propre entreprise – mais nos têtes ne sont plus mises à prix si nous préférons rester à la maison nous occuper de notre famille.

– Comment avez-vous fait pour choisir ? demanda la journaliste en appuyant sur le bouton « Rec » de son dictaphone. Quelle carrière avez-vous abandonnée ?

Elle était parvenue à placer l'idée d'un reportage dédié aux femmes au foyer dans le supplément dimanche d'*Expressen.* C'est dans l'air du temps, avait-elle expliqué à une secrétaire de rédaction moyennement intéressée.

Jeanette esquiva sa question d'un geste gracieux de la main.

– Je crois que ce sont les *matins* qui m'ont décidée à quitter mon boulot. Brrr... debout alors qu'il fait encore nuit, traîner les pauvres petits chéris au jardin d'enfants, des bus archipleins, de la pluie... et toujours pied au plancher !

– Je suis d'accord avec vous, soupira la journaliste qui venait justement de vivre un de ces matins-là.

– Non, le jeu n'en vaut pas la chandelle, c'est aussi simple que ça ! J'adore me réveiller en douceur avec mes trois enfants, traîner au lit, chahuter un peu ou faire des câlins, puis me lever et leur préparer un bon petit-déjeuner.

Et ils ont droit à un buffet complet, parce qu'ils n'ont pas les mêmes goûts... Vous comprenez, en tant que mère, je tiens à ce qu'ils mangent varié et équilibré...

– Pourrait-on faire une photo de vous autour de la table du petit-déjeuner ? demanda la journaliste. Vous vous mettrez en pyjama, si vous voulez bien, pour que ça paraisse authentique ?

– Absolument ! Venez les enfants, on va se préparer pour la séance photo !

Elle mena son petit troupeau, Marilyn, cinq ans, Kevin, trois ans et Graciella, deux ans, en haut du large escalier moquetté jusqu'aux chambres à l'étage. Le photographe se rendit dans la cuisine et sélectionna des angles de vue pour adoucir la forte lumière du soleil qui entrait par les portes-fenêtres de la terrasse. Celle-ci était bordée de grands bacs à fleurs garnis de végétaux bleus et touffus et de buissons persistants. En bas, le somptueux terrain descendait en pente douce vers le lac.

– Tu imagines habiter une maison pareille ? dit la journaliste, verte de jalousie, en observant la cuisine.

– Et regarde tous les appareils ménagers, on dirait la passerelle de *Star Trek*, renchérit le photographe. Elle doit avoir une formation d'ingénieur. Ou de pilote. Bon, qu'est-ce qu'elle fabrique ? Je dois récupérer mes mômes à quatre heures, moi !

Une bonne demi-heure plus tard, Jeanette descendit majestueusement l'escalier, vêtue d'un peignoir en soie rehaussé d'une brume de dentelle.

Elle avait profité de l'occasion pour donner un peu de volume à ses cheveux blonds aux reflets dorés et se refaire une beauté.

– J'ai bien l'impression qu'elle a maquillé les gamins aussi, ma parole, souffla le photographe. Aucun enfant n'a les lèvres aussi rouges !

Perchée sur des pantoufles à talons vertigineux, Jeanette (« Nettie pour les intimes ») se planta devant le réfrigérateur et commença à composer le petit-déjeuner de ses enfants : trois jus de fruit différents dans des carafes en verre, des pains artistiquement tressés, du fromage, du saucisson et des fruits frais dans un compotier grand comme une bassine, qu'elle disposa sur le plateau de granit de l'îlot central.

– Je vois que vous avez sorti du roquefort et du jambon de Parme, c'est ça que mangent vos enfants au petit-déjeuner ? demanda la journaliste.

– Pardon ? Euh, eh bien, ils mangent surtout des tartines grillées avec de la confiture, je crois, et notre fille au pair prépare des crêpes de temps en temps.

– Une fille au pair ?

– Vous savez, avec trois enfants en bas âge… on a besoin de quelqu'un pour prendre la relève. Kenny aime bien avoir un moment en tête à tête avec moi après son travail. Il a des horaires irréguliers, parfois il rentre au milieu de la journée. Et là, Mélanie est priée d'aller faire un tour au parc avec les enfants !

Elle adressa un sourire espiègle à la journaliste et lui fit un clin d'œil.

Le photographe tournait dans la pièce et essayait de capturer les trois petits sur la même photo. Ils étaient vêtus de pyjamas Donald Duck de différentes couleurs et se servaient de ce qu'ils trouvaient sur la table pour se bagarrer. Kevin tapait sur Marilyn avec un bout de salami italien et Graciella s'amusait au lancer de kiwi.

– Enfin les enfants… tenta Jeanette en distribuant quelques tapes inoffensives à droite et à gauche. Je vous demande juste de vous tenir tranquilles quelques minutes, ensuite je vous mettrai une vidéo…

Peu après, les enfants avaient été emmenés par une jeune fille suisse très efficace, portant un tablier, et Jeanette s'était lovée dans l'élégant canapé italien. Elle faisait un gros effort pour maintenir la pose, la soie de son peignoir ayant tendance à glisser sur le cuir du siège.

– Alors voilà, c'est mon mari Kenny Silverhake qui a porté l'entreprise à son niveau actuel, raconta-t-elle. Nous avons hérité de la société, des locaux et du nom de mon père, c'est vrai, mais à l'époque ce n'était qu'une petite entreprise familiale. Aujourd'hui, nous avons sept cents employés !

– Nous ? Ça veut dire que vous y travaillez aussi ?

– Pas tout à fait. À la mort de papa, c'était moi, l'héritière. Formellement j'étais le PDG, papa l'avait décidé ainsi dans son testament, mais ça n'avait pas de sens, puisque c'était Kenny qui faisait pratiquement tout le boulot ! C'est lui qui a trouvé l'astuce de transformer l'entreprise en fondation, j'ai signé quelques papiers et, abracadabra – j'étais libre !

– Libre de rester à la maison avec votre famille, ajouta la journaliste en tripotant son dictaphone.

– C'est ça. On a fait construire cette maison quand j'étais enceinte de Graciella. On trouve tous les deux que c'est mieux pour les enfants de grandir à la campagne.

– Vous ne vous sentez pas un peu seule ici ? Vous ne trouvez pas que ça fait loin de la fondation ?

– Ma place est ici, auprès de mes enfants ! Pour moi, c'est un travail qui est au moins aussi important que de faire carrière. En réalité, notre société repose sur les épaules des femmes, n'est-ce pas ? Les épaules des épouses et des mères !

– Et Kenny ? Il a le temps de voir ses enfants le soir quand il rentre ? Après tout, vous êtes à quarante kilomètres de la ville !

La journaliste s'entêta. Le reportage était censé parler du quotidien rêvé d'une femme au foyer.

– Oh, pour ce qui est du temps passé avec les enfants, ce n'est pas la quantité qui compte, c'est la qualité ! sourit

Jeanette, et la journaliste fit une grimace involontaire en entendant le cliché éculé. Kenny dîne en général avec nous, quand il n'est pas en voyage à l'étranger. Et s'il rentre tard un soir, il monte toujours les border !

La journaliste lorgna sa montre. Encore quelques questions.

– Ça ne vous inquiète pas d'être désormais économiquement dépendante de votre mari et de sa fondation ? À moins que vous ayez des revenus personnels, si vous me pardonnez cette question indiscrète ?

– Bien sûr que j'ai des revenus personnels, répondit Jeanette un brin agacée. Kenny est de mon avis, mon travail avec la famille a la même valeur que le sien à la fondation, même si pour le moment c'est lui qui fait bouillir la marmite. Nous possédons *tout* en commun, nous n'avons même pas de contrat de mariage, tous nos comptes en banque sont des comptes joints, et Kenny ne prête aucune attention à ce que j'achète, j'ai les mains libres pour dépenser. Allez venez, je vous montre la salle de relaxation ! Et la verrière !

⋆

Le vacarme au jardin d'enfants était assourdissant. C'était l'heure des mamans, certains des petits avaient du mal à s'arracher à leur jeu, d'autres étaient épuisés et n'arrêtaient pas de pleurnicher.

– Concentre-toi, Axel ! dit la journaliste à son fils. Tu as inversé tes bottes, ce ne sont pas les bons pieds. Change-les tout de suite, sinon tu ne pourras pas marcher et on va rater le bus.

Il ne faut pas que j'oublie de prendre rendez-vous chez le coiffeur, se dit-elle. Avant de ressembler à la femme là-bas ! C'est horrible, ces cheveux rayés gris souris et jaunâtres, à tous les coups elle se les teint elle-même quand ça lui prend !

La femme à la teinture désastreuse venait de sortir de l'autre section du jardin d'enfants, elle essaya de séparer deux mioches qui se battaient frénétiquement : un garçon d'environ cinq ans qui frappait avec une crosse de hockey une fille un peu plus petite qui, elle, brandissait comme un gourdin un baigneur qu'elle tenait par la jambe.

– Kevin, lâche cette crosse ! Graciella, on ne se bagarre pas, je te l'ai déjà dit !

Kevin et Graciella. Pas les prénoms les plus fréquents. Et la décolorée avait quelque chose de vaguement familier.

– Jeanette ?

La femme leva la tête. Elle n'était pas maquillée et avait l'air fatigué.

– C'est bien vous... Jeanette Silverhake ? Bonjour ! Vous vous rappelez, je suis venue chez vous il y a deux ans ?

Hésitante, la femme se mordillait la lèvre inférieure. Kevin et Graciella s'arrêtèrent de se battre et regardèrent furtivement Axel qui les lorgna en retour.

– Plus personne ne m'appelle Jeanette, finit-elle par dire. Mon vrai prénom est Jenny. Vous êtes la journaliste qui était venue faire un reportage chez nous, c'est ça ?

– Oui. Vous avez déménagé en ville ? C'est marrant qu'on se retrouve au même jardin d'enfants !

– J'ai déménagé. Kenny, lui, habite toujours là-bas. Et... marrant ? Si vous le dites, mais moi je ne lui trouve rien de marrant, à cette garderie.

La journaliste céda à une impulsion. Il y avait peut-être matière à un article ici ?

– Dites-moi Jean... Jenny, ça vous dirait d'aller manger au McDo avec moi ? Il y en a un juste à côté... À moins que vous ne soyez pressée de rentrer ? Comme ça on pourrait bavarder un peu !

Les trois enfants, Axel y compris, fixèrent Jenny, pleins d'espoir.

– J'ai faim, geignit Graciella, ce qui semblait régler l'affaire.

Elles rassemblèrent les enfants et menèrent la petite troupe chez McDonald's. La journaliste prit les commandes, alla chercher les plateaux et peu après, les enfants, au comble du bonheur, engloutissaient leur burger, du ketchup jusqu'aux oreilles. Jenny chipotait dans sa salade de poulet en fixant sa tasse de café. La journaliste extirpa son dictaphone.

– Vous avez l'intention d'écrire sur moi ? demanda Jenny. Oh, et puis zut, après tout… je n'ai pas à avoir honte !

– Comment ça, avoir honte ? Vous avez quitté votre mari ?

Jenny sourit. Ce n'était pas un sourire aimable.

– Disons que Kenny Silverhake s'est lassé de la vie domestique, en tout cas de moi et des enfants. Par contre, il ne s'est pas lassé de la villa, il y vit encore, enfin je crois. Les enfants et moi, on habite un deux-pièces en banlieue. À Enskede.

– C'est une ville sympa ! tenta la journaliste.

– Quarante-deux mètres carrés. Je dors sur le clic-clac du séjour, qui n'est pas bien grand, soit dit en passant, les enfants partagent la chambre. Trois enfants, j'en ai une autre, qui va à l'école.

– Marilyn, c'est ça ? Mais… que s'est-il passé ? Kenny a fait faillite ?

– Pas du tout ! L'entreprise se porte à merveille. Des filiales au Danemark et en Norvège !

– Je ne comprends pas bien…

– Vous n'êtes pas la seule. Ils ne sont pas nombreux, ceux qui comprennent quelque chose aux affaires de Kenny Silverhake. On va le dire comme ça : le divorce prononcé, il ne restait rien à la pauvre Jeanette, à part ses bijoux et ses vêtements. La première année, ce sont les bijoux qui m'ont fait vivre, mais je pense que je me suis fait avoir quand je les ai vendus.

– Mais ce n'est pas possible ! Vous me disiez que vous aviez vos propres revenus, et que vous aviez tout partagé équitablement. Vous n'aviez même pas de contrat de mariage. Il me semble évident que vous avez droit à la moitié des biens ! À moins que vous soyez partie comme ça, de votre plein gré.

– Partie, moi ? Non, j'ai été obligée de déménager. Kenny m'a dit que si je voulais continuer à habiter là, je devais lui payer vingt-cinq mille couronnes mensuelles de loyer, c'est le tarif du marché pour une villa de ce standing. Et vous avez raison, on possédait tout en commun ! Plus précisément, le compte joint avec l'argent du ménage. Sur lequel il n'y avait plus aucun versement… Tout le reste, la villa et tout, il l'avait transféré à la fondation qui était à son nom, dans laquelle je n'avais aucune part !

– C'est une blague ? Il n'a pas pu simplement tout vous prendre. Ça me paraît juridiquement impossible, il n'a pas le droit de faire ça.

Jenny afficha un sourire dépourvu de joie.

– Non, évidemment. Il avait veillé à ce que j'accepte le transfert de nos biens à la société que détient sa fondation, ou quelque chose comme ça. J'ai signé des documents à la pelle. Un tas de paperasse. Il me disait que c'était pour payer moins d'impôts, on économiserait des millions. Ben, lui il en a peut-être économisé, qu'est-ce que j'en sais ?

La journaliste sentit soudain sourdre une énergie nouvelle.

– Vous ne pouvez pas vous laisser faire comme ça ! Il faut trouver un bon avocat ! Enfin, c'est vous qui…

– N'est-ce pas ? Et le payer, avec les allocations minables que je touche, qui ne me permettent même pas d'aller chez le coiffeur ?

Kevin et Graciella avaient fini leurs burgers, ils s'appliquaient à faire des grimaces à Axel, dont la lèvre inférieure s'était mise à trembler.

– Mais si vous me laissez écrire un article là-dessus, on

pourra peut-être… il n'est quand même pas cynique à ce point-là ?

– Pfft, laissez tomber ! *Aftonbladet* voulait faire un article sur notre divorce, les révélations fracassantes, c'est leur spécialité, mais Kenny en a évidemment eu vent quand ils ont essayé de l'interviewer. Son avocat a menacé de porter plainte contre le journal. Il n'a rien fait d'illégal, c'est ce qu'a dit l'avocat, et je le crois. Vous comprenez, Kenny est un homme Téflon, parfaitement lisse et imperméable, rien ne le touche. Et il me verse une pension qui suffit presque à payer le loyer. Bon, il faut que j'y aille maintenant, Marilyn ne va pas tarder à rentrer de l'école. Merci pour les hamburgers !

– Mais… mais…

Pliée en deux, Jenny essayait d'enfiler à Graciella une combinaison qui paraissait beaucoup trop petite. Elle leva les yeux.

– Vous savez, ça aurait pu être bien pire. J'ai une copine qui était mariée à un mec qui avait des dettes monstrueuses, des emprunts qu'il avait faits sans qu'elle le sache, et eux non plus n'avaient pas de contrat de mariage. Maintenant elle est dans la merde jusqu'au cou, il faut qu'elle rembourse la moitié, ça va la poursuivre jusqu'à la fin de ses jours ! Moi, en tout cas, je n'ai pas de dettes !

À la porte, Jenny se retourna et supplia la journaliste du regard.

– Dites, vous n'auriez pas quelques pièces de dix ? Je viens de m'apercevoir que je n'ai que de grosses coupures, ils ne les prennent pas dans les bus…

Les retrouvailles

Qu'est-ce que j'ai encore fait de mes lunettes ?

Il se leva avec une certaine difficulté. Sa hanche qui se faisait sentir à nouveau. Saloperie de hanche ! Une bonne raclée, voilà ce que tu mérites !

Le café avait refroidi, il ramena la tasse à la cuisine.

Hmm. Neuf heures et demie. Seulement. Douze heures encore avant de pouvoir retourner se coucher.

Le boulot a bouffé une bonne partie de votre temps pendant toute votre vie d'adulte, debout chaque foutu matin qu'il fasse soleil ou qu'il pleuve, pour se coltiner des projets absurdes qui foirent ou qui aboutissent, peu importe. Puis un jour on vous gratifie d'un horrible vase design et d'un discours. Et quand vous passez faire un petit coucou, il n'y a pratiquement que des visages nouveaux et ceux que vous connaissez et qui se souviennent de vous, ils sont trop occupés pour tailler une bavette.

Putain ! Retraité ! C'est comme une maladie qui se propage ! J'ai entendu dire qu'Ulla aussi a pris sa retraite. Jamais je n'aurais cru que ça lui arriverait, à elle qui était comme une bouffée d'air frais avec ses cheveux blonds et son rire tonitruant et qui n'hésitait pas à bousculer les certitudes ! Une main de fer, tout le monde avait un peu peur d'elle. Aujourd'hui, elle garde ses petits-enfants, est-ce qu'ils ont peur d'elle, eux aussi ?

Et Bengt a rendu son tablier l'année dernière, il s'est enterré avec sa collection de timbres et devient de plus en plus assommant. Est-ce qu'il se souvient encore de la campagne de solidarité avec les Vietnamiens que nous avions lancée il y a… est-ce que ça peut faire quarante ans ? On devrait fêter ça d'une façon ou d'une autre. Aller au Vietnam peut-être. Quoique, ça nous déprimerait sans doute encore davantage.

Il s'assit au bureau et farfouilla dans un tiroir, en sortit une photo d'identité en noir et blanc prise dans un photomaton : une jeune femme aux cheveux blonds et lisses et un jeune homme avec une barbe sombre et des rouflaquettes. Ils étaient serrés l'un contre l'autre, un sourire heureux aux lèvres en attendant le flash.

Elle était belle, songea-t-il. Moi-même, j'étais pas mal. Jusqu'à ce que je me déplume presque entièrement. Est-ce qu'elle aussi… non, elle n'a pas dû changer tant que ça. Les femmes s'entretiennent mieux, elles ne perdent pas leurs cheveux, elles se les teignent et elles se tartinent le visage pour camoufler les rides.

Il sortit son portefeuille et glissa la photo dedans.

On est pimpants et beaux et sexys et on a un coup de foudre, puis on donne des coups de canif dans le contrat, il y a des crises et les familles se brisent, ça repart pour un tour avec une nouvelle famille, puis des départs à droite, à gauche, et la vie suit son cours à un rythme d'enfer. Et un beau jour, certains ont déménagé, aux États-Unis, en Norvège, à l'autre bout de la Suède, et d'autres sont morts et ceux qu'on connaissait le mieux et qu'on voyait le plus sont remariés avec des inconnus complets.

Combien de temps on est resté mariés, Monika et moi ? Quatre, cinq ans, quelque chose comme ça. On s'est mariés uniquement pour obtenir un appartement d'étudiant, c'était la condition à cette époque-là. Sinon on se serait juste contentés d'emménager ensemble.

Ça a pris fin quand je l'ai retrouvée au lit dans ce putain d'appartement, avec Bengt, qui était mon meilleur copain. Ou qui *est* mon meilleur copain faudrait-il sans doute dire, bien que je le voie rarement ces temps-ci.

Mais ça n'a pas marché entre eux, et Bengt et moi, on

a surmonté l'épreuve. Et, alléluia ! Quelle vie de patachon on a menée ensuite, tous les deux ! On changeait de nanas comme de chemise, jusqu'à ce qu'il trouve Britt-Marie qui était chiante comme la pluie. Elle ne savait parler que de chiens. Mais on dirait qu'elle lui manque, il s'est enfermé dans son cocon depuis sa mort, reste chez lui à faire mumuse avec ses timbres. Faudra que je l'invite au resto un de ces jours.

Le resto. Je ne sais pas encore où j'emmènerai Monika dîner, on n'en a pas parlé l'autre jour. En tout cas, j'ai reconnu sa voix au téléphone, même si elle est plus basse et un peu rauque. Mais son rire était le même, elle rit avec une sorte de hoquet. Et dire qu'elle a pris l'initiative de m'appeler après toutes ces années, je n'en reviens pas ! Je ne crois pas que j'aie eu une seule pensée pour elle depuis les années 1990, quand j'ai appris qu'elle s'était remariée, je pense pour la troisième fois.

Et trois enfants, avec deux hommes différents, dont aucun n'était moi. On n'avait jamais le temps, les cours nous accaparaient et toutes les organisations dont on était membres, des sigles aux combinaisons à l'infini... Bengt, lui, avait déjà un enfant à cette époque, avec une femme de Växjö. Je crois qu'il ne l'a jamais rencontré, il ne sait même pas si c'est une fille ou un garçon, et quoi qu'il en soit, il ou elle doit approcher de la cinquantaine maintenant. Il n'en a jamais eu avec Britt-Marie. Elle avait sans doute assez à faire avec ses chiens.

Monika prétendait que cette histoire d'enfant rendait Bengt plus excitant, plus viril. Elle avait essayé d'expliquer qu'elle n'était pas amoureuse de lui, pas du tout, simplement ils n'avaient pas pu résister l'un à l'autre. J'ai pleuré, c'est vrai, je l'avoue. J'ai pleuré comme un crétin devant elle et quand elle a voulu me consoler, je lui ai flanqué une taloche, pas trop fort cela dit. Elle ne voulait pas divorcer, on était quand même des adultes, disait-elle, et on pouvait vivre dans une relation ouverte, si je voulais... avec quelqu'un... et d'ailleurs c'était la croix et la bannière pour trouver un autre appartement.

J'ai cru que je faisais un infarctus, j'avais une douleur atroce dans la poitrine et je lui ai dit d'appeler une ambulance, ce qu'elle a fait. Elle a eu une de ces trouilles, elle était complètement affolée, a fait tomber le téléphone... Mais il s'est avéré que je n'avais rien, et dès mon retour, je l'ai foutue à la porte, vite fait, bien fait. Terminé, rideau !

On ne s'est pas spécialement vus après ça. On ne possédait rien en commun, juste quelques disques et des livres ; l'appartement étudiant était un meublé. On est juste allés remplir un formulaire, et le lendemain, c'était déjà de l'histoire ancienne.

Et voilà qu'elle a pris l'initiative de m'appeler, Monika ! Elle est veuve maintenant et sa fille vient de s'installer dans ma ville. Du coup, elle s'est dit que si elle descendait la voir, on pourrait peut-être se voir aussi, ça pourrait être intéressant ! Intéressant, c'est le mot qu'elle a utilisé. Une sorte d'expérience mémorielle. De quoi se souvient-on après tant d'années ? Se souvient-on des mêmes choses ? On ferait une mise à jour, on évoquerait de vieux amis. Monika était devenue psychologue. J'ai dit oui, ça serait sympa.

– Et ta femme, elle n'a rien contre ça ? a-t-elle dit. Tu t'es bien remarié ? Avec une Allemande ?

Ainsi donc, c'est un point qu'elle avait vérifié.

– Non, ni l'une ni l'autre, ai-je répondu avec un éclat de rire. Irmgard est retournée en Allemagne et elle a emmené notre fille avec elle, je ne la vois pas très souvent. Mais Solveig, elle habite toujours en ville et nos enfants, eh bien, ce sont les seuls qui me restent pour ainsi dire, et nous nous entendons bien, globalement. C'est grâce à Solveig, elle ne voulait pas que je disparaisse de leur vie après notre divorce.

Je crois que le Jardin de Carlsson sera un bon choix, c'est là qu'on allait, Monika et moi, quand l'argent de l'emprunt étudiant tombait en début de mois. Il y avait un vrai jardin autour du restaurant, avec des tables et des chaises. Aujourd'hui c'est un arrêt de bus, mais le restaurant existe encore et il est correct. Meilleur qu'à l'époque, d'ailleurs. J'espère qu'elle va me reconnaître.

Des yeux il chercha son téléphone portable. Quelle connerie d'avoir annulé l'abonnement du fixe, il s'était fait avoir, là. Autrefois, il pouvait toujours l'utiliser pour faire sonner le petit filou mobile quand il l'avait égaré. Où est-ce qu'il l'avait utilisé la dernière fois ? Ah oui… la cuisine !

– Allô, Monika ? Ça te va si on se retrouve au Jardin de Carlsson à vingt heures demain soir ? Si si, ça existe encore ! Ce qui n'existe plus, en revanche, ce sont mes cheveux, te voilà prévenue ! Tu ne l'aurais pas cru, hein ? Avec la tignasse que j'avais ! Autant que tu le saches, pour pouvoir me reconnaître. J'avais pensé mettre un chapeau que je garderais à l'intérieur, mais ça aurait été complètement ridicule, pas vrai ? À vingt heures, d'accord ? Je me réjouis d'avance, ça va être sympa.

Sympa. Il raccrocha. Oui, on s'amusait toujours, Monika et moi, on pouvait rire de n'importe quelle ânerie, rire à en pleurer. Jusqu'à ce qu'on ne rie plus et que je sois le seul à pleurer. Je crois que j'ai pleuré pendant des mois, dans mes moments de solitude. Est-ce qu'elle pleurait, elle aussi, des fois ? Voilà le genre de choses que je pourrais lui demander demain. Par curiosité.

Qu'est-ce que je vais mettre ? La veste en mohair que ma fille m'a aidé à choisir, et le foulard en soie assorti ? Elle me disait que j'avais l'allure d'un gentleman anglais. Un gentleman anglais chauve, oui. Et le paletot bleu.

*

Le maître d'hôtel du Jardin de Carlsson l'emmena à une petite table coincée entre d'autres devant la fenêtre. Une dame d'un certain âge était attablée à moins d'un mètre de lui, il pouvait presque la toucher.

Elle attend sans doute quelqu'un, elle aussi, songea-t-il, elle n'arrête pas de regarder autour d'elle. Son fils ou sa fille, peut-être même un petit-fils ou une petite-fille. Quel âge peut-elle avoir ? Au moins soixante-dix ans, en route pour la mort, c'est sûr. Les bajoues tombantes, le visage flasque, tout ça est toujours plus net chez les femmes. À son âge, elle ne devrait pas se maquiller autant. Elle a les cheveux presque blancs.

Si je ne les avais pas perdus, mes cheveux, est-ce qu'ils seraient blancs aussi ?

Presque vingt heures quinze. C'est vrai, elle n'était jamais à l'heure. Certaines habitudes sont bien enracinées.

Cette vieille me rappelle quelqu'un. Je l'ai peut-être rencontrée au boulot à un moment ou un autre ? J'ai de plus en plus de mal à retenir les visages.

Oh mon Dieu ! Mon Dieu, mon Dieu !

– Monika ! Bonsoir ! C'est idiot ! Je ne t'ai pas reconnue, tu te rends compte – mais toi non plus, tu ne m'as pas reconnu, pas vrai ? Viens t'asseoir par là !

Sa voisine lui adressa un sourire hésitant.

– Je me demandais si c'était bien toi… mais tu ne semblais pas me remettre alors je me suis dit…

Elle se releva non sans une certaine peine, ramassa son sac, son parapluie et un manteau brun posé sur la chaise en face.

– Laisse-moi le prendre !

Il se leva aussi, prit son manteau et alla le suspendre sur une des patères près de l'entrée.

Oh non non non, pensa-t-il. Pourquoi me suis-je lancé dans cette galère ? Allez, concentration maintenant ! Tout ce que j'ai à faire, c'est endurer l'épreuve de cette soirée. Je paierai l'addition, bien entendu, ça sera une bonne punition pour ne pas avoir pigé un truc aussi simple : le temps passe, pour tout le monde. On s'habitue graduellement à son propre visage et à celui de ses proches. Elle non plus ne m'a pas reconnu ! Ai-je vraiment vieilli tant que ça ?

Avec un sourire forcé, il s'installa en face d'elle et se mit à feuilleter le menu qu'une serveuse pressée avait posé sur leur table.

– Hmm… voyons voir… tu ne manges pas de poisson, c'est ça, hein ? Ou je me trompe ?

– Du poisson ? s'étonna-t-elle, avec une prononciation floue du *s*, comme si elle avait un problème avec ses dents. Si, j'adore le poisson ! Tiens, je vais prendre la sole meunière.

Merde merde merde ! C'était Irmgard qui ne bouffait pas de poisson !

– Super, je vais faire comme toi !

– Tu ne prends pas d'entrée ? demanda-t-elle en lui souriant. Tu voulais toujours… ah, non pardon. C'était Ove. Mon deuxième mari.

Elle eut l'air gêné. Ils se regardèrent et éclatèrent de rire.

– Il n'y a pas que toi et moi à cette table, Monika ! répliqua-t-il. On a sans doute amené un peu d'Irmgard et de Solveig et de… Ove et il s'appelait comment déjà, ton dernier mari qui est mort ?

– Erik. Oui. Erik. Je l'emporte partout où je vais.

Ses yeux semblèrent soudain bordés de rouge.

Suis-je réellement en train d'écouter ma première femme regretter son troisième mari ? songea-t-il. C'est vraiment n'importe quoi.

– C'était ton préféré ? demanda-t-il avec une certaine agressivité. Le préféré des trois ?

– Mmmm, répondit-elle en le regardant droit dans les yeux. Il était en tout cas le meilleur amant. Et pourtant il avait dix ans de plus que moi.

En fait, elle veut dire « de plus que toi ». Elle rend coup pour coup ! Si on la cherche, on la trouve ! Oh, comme je la reconnais là. Elle pouvait être une vraie chipie, Monika. Et j'aimais ça. À l'époque, les filles n'étaient pas des garces.

– Et laquelle des tiennes est-ce que tu préférais ? Tu en as eu combien, au fait ?

– Allez, Monika, on arrête, dit-il, soudain las. Tes maris ne m'intéressent pas et je parie que tu te fous comme d'une guigne de mes femmes. Pour tout te dire, je n'ai jamais pleuré quelqu'un comme je t'ai pleurée. Ça, tu ne l'aurais pas cru.

Un voile de nostalgie parcourut le visage de Monika et elle sourit.

– On avait tout juste vingt ans, on était des gamins. J'ai des petits-enfants plus âgés que ça aujourd'hui.

Le ton se fit plus chaleureux. Ils commencèrent à bavarder, se remémoraient le restaurant tel qu'il était autrefois, parlaient de la zone de logements étudiants où ils avaient habité qui était aujourd'hui un agréable terrain boisé où les immeubles avaient été transformés en résidences privatives.

Et les souvenirs défilèrent. Après la sole et une bouteille de vin, ils évoquaient leurs fiançailles quand ils avaient échangé les bagues devant la fontaine du parc. C'est-à-dire, ils l'auraient fait si lui n'avait pas été ivre et avait fait tomber celle de Monika dans l'eau. Au dessert, ils riaient, comme jadis, de broutilles, de la tentative du serveur de prononcer « entrecôte » à la française, de la tactique de Monika pour contrer les démarcheurs au téléphone (« je me mets à haleter et je demande s'ils n'ont pas envie de venir boire un verre à la maison »), de ses démêlés à lui avec un dentiste brutal, presque *borderline*.

Au moment de commander le café, il eut un trait de génie.

– Bengt ! Si on appelait Bengt ! Il habite juste à côté, il pourrait venir prendre le café avec nous ! Il reste claquemuré avec ses fichus timbres, ça lui ferait du bien de te voir, Monika !

– Je pense que c'est une mauvaise idée, répondit-elle, sceptique. On passe un bon moment, tous les deux, ce serait dommage de casser l'ambiance avec des souvenirs mal choisis.

Mais il avait déjà sorti son portable et composé le numéro. Et Bengt parut content, juste un petit coup de peigne et il serait à eux, disait-il. Quel blagueur, ce Bengt : il avait la tête aussi dégarnie que lui !

Dix minutes plus tard, ils le virent arriver dans le restaurant et se diriger vers leur table.

– Bengt !

Monika se leva à moitié de sa chaise. Il vit ses joues s'empourprer, elle piqua un fard qui contrastait singulièrement avec ses cheveux blancs. Lui, elle ne semblait pas avoir de problème pour le reconnaître !

Bengt la serra dans ses bras. Ils restèrent un instant joue contre joue, les yeux fermés, sans rien dire. Puis Bengt prit une chaise à la table voisine et s'assit avec eux.

– Qu'est-ce que tu fais ici avec ce vieux raseur, Monika ? lança-t-il. Tu es bien trop jeune et belle pour lui.

Elle éclata d'un rire rauque et profond. Elle avait du mal à le lâcher du regard.

Ils ne l'entendirent même pas quand il essaya de leur demander s'ils voulaient un pousse-café.

– Mademoiselle ! Mademoiselle ! Trois cafés et un whisky, s'il vous plaît !

Il vida son verre en deux gorgées tandis que le café refroidissait dans les tasses de Bengt et de Monika.

– Puis nous sommes allés vivre à Copenhague pendant deux ans, dit-elle. Des années magnifiques !

– J'adore Copenhague, déclara Bengt. Je peux me balader pendant des heures à la glyptothèque. Ah, si j'avais su que tu t'y trouvais !

Il essaya en vain d'entrer de force dans l'intimité que ces deux-là avaient tissée en si peu de temps. Ils se tournèrent poliment vers lui, répondirent à ses questions avant de se noyer dans le regard l'un de l'autre. Vers vingt-deux heures, il se leva.

– Bon, écoutez, je suis claqué, dit-il. Ma hanche me fait un mal de chien, c'est toujours comme ça quand je reste assis longtemps. Je crois que je vais y aller.

Ils protestèrent pour la forme.

– Ma fille va venir me chercher dans une demi-heure, répliqua Monika, je ferais mieux de ne pas bouger d'ici.

– Je te tiendrai compagnie ! s'exclama Bengt.

Ils ne le regardèrent pas quand il partit après avoir récupéré son paletot. Une petite bruine s'était mise à tomber. Il remonta son col.

Plus il prenait de l'âge, plus la vie restait une énigme pour lui.

Tiens, là on a un créneau !

– Tiens, là on a un créneau ! s'exclama Carina joyeusement. Mercredi soir de six à huit ! On pourrait dîner tous ensemble pour une fois !

Elle se tenait devant le grand planning qui recouvrait la moitié du mur de la cuisine exiguë. Il était divisé en huit cases horizontales, une pour chaque membre de la famille, sur sept colonnes pour les jours de la semaine.

On était dimanche après-midi et le Grand Déplacement venait de débuter. David et Elin, les enfants de Carina de son premier mariage, avaient déboulé avec leurs sacs à dos, leurs doudous et leurs ordinateurs. Ils partageaient la même chambre, que Carina avait compartimentée avec des lits superposés et des rideaux pour que chacun ait son coin perso. Désormais, leurs disputes tournaient surtout autour du partage des placards et des tiroirs de bureau. Le son de leurs voix aiguës et coléreuses fusait jusque dans la cuisine, on aurait dit une bande de corneilles par une soirée d'automne morose.

Adam se préparait à aller chercher ses deux fils, Nicke et Bert, des ados. Ils arriveraient avec le train de banlieue dans une vingtaine de minutes. Ensuite Nicke devait aller à l'entraînement de hockey sur glace et Bert à son club d'échecs. Avant ça, il faudrait qu'ils aient le temps d'engloutir une bonne ration des lasagnes qui étaient en train de gratiner au four.

De son côté, Carina avait promis aux deux dernières, Mia et Maja, les enfants qu'elle avait avec Adam, de les emmener à la piscine avant la fermeture. Cette promesse courait depuis la fin des grandes vacances, mais elle n'avait pas encore eu l'occasion de la tenir.

– Euh… hésita Adam. Dîner en famille mercredi ? En fait, je devais aller à la salle de sport… Je n'ai toujours pas pu profiter de cet abonnement exorbitant que tu m'as offert pour mon anniversaire… mais…

– Adam ! le coupa Carina d'une voix sévère. Est-ce que tu sais à quand remonte la dernière fois qu'on s'est assis tous les huit autour d'une table pour manger ensemble ? À ton anniversaire justement, au printemps dernier ! Et en plus, il n'y avait pas que nous, Gunilla et les jumeaux étaient là aussi !

Gunilla était l'ex-femme d'Adam, la maman de Nicke et Bert. Elle avait eu des jumeaux avec son nouveau mari dont elle avait divorcé depuis. Elle venait volontiers rendre visite à la « grande famille », celle qui se retrouvait toutes les deux semaines quand les enfants d'Adam et de Carina issus de leurs mariages précédents séjournaient chez eux. Tout le monde avait été d'accord pour cette solution : vivre tous ensemble une semaine sur deux, ce qui faisait donc huit personnes. L'autre semaine, ils n'étaient que quatre, Adam, Carina et les deux petites qu'ils avaient eues ensemble.

– Mais tous les huit ? geignit Adam. C'est si important que ça qu'ils se voient tous en même temps ? À mon avis, ils ne s'intéressent pas spécialement les uns aux autres, je veux dire Nicke et Bert ne veulent jamais regarder *Bolibompa* avec tes mômes, ils disent que c'est pour les bébés, et Elin ne supporte pas Bert… Je le redis : on devrait peut-être changer la répartition ? Chacun a ses enfants une semaine sur deux, mais pas la même, comme ça on ne serait jamais plus de six autour de la table.

– Et jamais moins non plus ! riposta Carina, lasse. Pour moi, c'est carrément des vacances quand on n'est que quatre, toi et moi et les petites… J'ai besoin de ce repos-là. Et on peut utiliser la voiture, il y a assez de place pour tous !

– Il faut que j'aille chercher les garçons ! lança Adam.

D'accord pour mercredi alors. Tu seras là tout à l'heure quand on arrive ?

– Je te l'ai déjà dit, je vais à la piscine avec les filles, et Elin et David veulent venir aussi ! Ne traîne pas en route, on a besoin de la voiture !

Elle tapota sur l'emploi du temps où des lettres de guingois, tracées d'une main d'enfant, clamaient : « PISSINE DIMANCHE ! »

– Tiens, regarde ! s'écria Adam en enfilant sa veste. Il y a un créneau là, samedi après-midi ! On pourrait manger à la maison et aller au cinoche après par exemple ?

– Tu les emmèneras tous les six alors ? Tu sais que je vais à l'enterrement de vie de jeune fille de Marlene le soir. C'est inscrit là ! dit Carina. « ENTERREMENT DE VIE DE JEUNE FILLE MARLENE 20 H. AUCUN CHANGEMENT POSSIBLE ! »

– Ça veut dire que samedi soir je serai seul avec les six ? Super ! Cool ! rouspéta Adam. Depuis quand on ne s'est pas retrouvés seuls tous les deux, toi et moi, tu y as pensé ?

– On est allés à cette expo il y a deux semaines quand Mia et Maja étaient chez ma mère. Par ailleurs, tu ne seras pas seul avec six enfants, Nicke et Bert ne passent pas leurs samedis soir à la maison que je sache !

– Quel soulagement, seulement quatre ! dit Adam d'un ton maussade. On pourra jouer à chat perché et à cache-tampon, youpi, on fera les fous !

– Ça fait un bail que tu n'as pas joué avec les enfants ! Tu n'as qu'à mettre les petites au lit pendant que mes enfants regardent *Nouvelle Star* ! Ensuite ils iront se coucher, eux aussi, et tu pourras faire ce que tu veux ! Mais vas-y maintenant, que je puisse récupérer la voiture avant que la piscine ferme !

Adam claqua inutilement fort la porte d'entrée de leur quatre-pièces où ils s'entassaient comme des sardines. Quatre enfants dans deux chambres, une autre que les parents partageaient avec les petites et un salon tellement exigu qu'ils ne pouvaient pratiquement pas s'y trouver tous les huit en même temps.

Que va-t-il se passer quand on ne pourra plus garder Mia et Maja dans notre chambre ? pensa-t-il. Elles ont déjà commencé à demander ce qu'on fabrique, si elles se réveillent la nuit quand on fait l'amour. J'ai dit à Mia que c'était une sorte de gymnastique, qu'on s'entraînait pour la course de Lidingö… Et j'en ai plus que marre de baiser debout contre le lavabo seulement parce que la porte de la salle de bains est la seule qui ferme à clé.

Ils avaient évoqué la possibilité de trouver un cinq-pièces, mais ceux qui étaient dans leurs moyens étaient trop éloignés du centre ; les différents lycées, collèges, écoles, crèches et copains se trouveraient subitement à une heure de route. Et les maisons individuelles étaient totalement inabordables.

On est coincés ! pensa-t-il en poussant un soupir. On ne peut pas déménager, on ne ferait que s'emmêler les pinceaux entre tous ces trajets plus nos boulots, et on serait obligés de tout réajuster. Gunilla, et l'ex de Carina, Jocke, eux non plus ne peuvent pas déménager, parce qu'on veut tous garder le contact avec nos enfants. Si Jocke accepte ce boulot qu'on lui propose aux États-Unis, nous aurons David et Elin à plein temps, mais il ne le fera pas parce que sa nouvelle compagne ne voudra pas se séparer de *ses* enfants qu'elle partage avec son ex-mari !

Il ne le disait jamais à voix haute, il osait à peine le penser dans son for intérieur, mais ça aurait quand même été un soulagement si David et Elin avaient vécu chez Jocke à temps plein et Nicke et Bert chez Gunilla. Non ? Les petites auraient vu leurs demi-frères et demi-sœur un week-end sur deux. Comme autrefois quand les maris laissaient leurs mômes à leur ex-femme et partaient pour de nouvelles aventures… Mais c'était impensable. Il fallait sans doute s'estimer heureux que Jocke et Gunilla se mobilisent une semaine sur deux. D'ailleurs, eux aussi avaient d'autres enfants avec leurs nouveaux partenaires. Tout le monde était pris dans le même piège.

Nicke et Bert ne déménageront pas avant plusieurs années, songea-t-il. J'imagine qu'avec Carina, on sera bientôt obligés de dormir dans le salon sur le canapé-lit.

Il avait toujours une sorte de haut-le-cœur quand il voyait Carina brandir le marqueur devant le tableau dans la cuisine.

Comme un général, se disait-il. Elle pourrait tout aussi bien nous déplacer sur une carte comme des soldats de plomb ou des épingles, un coup par-ci, un coup par-là...

Il fallait déposer les enfants dans différentes écoles, à la crèche, aux matchs, aux compétitions, aux cours de danse, au judo, aux ateliers de théâtre. Il fallait faire des courses, acheter des vêtements, accompagner les mômes chez les copains, chez le médecin. Il y avait des réunions de parents d'élèves pour six enfants, sans parler des goûters de crèche et des dîners avec les grands-parents. Cette année, il y avait aussi eu des rendez-vous avec un psychologue, parce que Bert avait fait des bêtises au lycée. Gunilla refusait d'y aller, elle prétendait que c'était Adam qui servait de modèle à Bert, en tout cas qu'il était censé le faire.

Ils n'avaient qu'une voiture, ce qui compliquait davantage le casse-tête. Même la passation des clés devait se planifier en détail.

Le planning était tellement rempli de gribouillis qu'il était pratiquement impossible d'y caser la moindre syllabe de plus, même en travers. Carina avait commencé à utiliser des feutres de différentes couleurs, si bien qu'un œil non exercé aurait pu y voir une œuvre d'art abstrait. Assez honnête, d'ailleurs.

Le train de Nicke et Bert était en retard. Adam restait à grelotter sur le quai, assis sur un banc inconfortable anti-SDF au siège incliné.

C'est lors de ce genre de contretemps qu'on devrait pratiquer la *mindfullness* ! se dit-il. Profiter de ces pauvres minutes où on ne peut rien faire d'autre. Méditer sur une fleur ou fixer des yeux une lampe de gare et commencer à compter ses respirations. Faire baisser sa tension et goûter un repos réconfortant pour l'âme…

Il braqua son regard sur le texte d'un graffiti fait à la va-vite et s'efforça de le voir, de réellement le VOIR et de le répéter comme un mantra. « *Fuck AIK !* » Évidemment, les injures à un club de foot n'étaient sans doute pas les plus propices à l'introspection.

Le soir quand tout le monde fut couché, après une bonne engueulade dans l'unique et minuscule salle de bains, Adam posa sa tête sur la poitrine de Carina. Il chuchota, pour ne pas réveiller les petites :

– Tu sais, Carina, si on ne s'était pas rencontrés, toi et moi, tu aurais vécu avec Jocke, David et Elin, vous seriez une petite famille, vous vivriez peut-être dans une maison à vous ? Vous seriez allés aux États-Unis pendant quelques années, et tu aurais pu être femme au foyer, tranquillement, et te consacrer à ce qui te passionne… Est-ce que tu y penses des fois, quand tu regardes ce foutu emploi du temps ? Est-ce que ça valait le coup ?

À la place du « oui » instantané, catégorique et amoureux auquel il s'était attendu, il obtint un long silence.

– Et toi et Gunilla, vous seriez sans les enfants d'ici quelques années, quand Nicke et Bert auraient quitté le nid, finit-elle par murmurer d'une voix ensommeillée. Vous pourriez passer l'hiver en Espagne, ou acheter un chien ou déménager en centre-ville, vous pourriez prendre un abonnement à l'opéra, vous joueriez au golf… Qu'est-ce que tu en penses, toi ?

Il réfléchit.

– Tout ce que je sais, c'est que cette vie qu'on mène est

bonne pour la fidélité conjugale ! bâilla-t-il. Jamais je ne lorgnerais une jolie nana au boulot, par exemple. Je finirais forcément par découvrir qu'elle partage trois mômes avec son ex et qu'elle en voudrait d'autres avec moi.

– Et de toute façon, on n'a jamais le temps… dit Carina.

Puis ils allèrent au lit et sombrèrent dans le sommeil et dormirent jusqu'à ce que Mia soit réveillée par un cauchemar, hurle et réveille à son tour Maja. Jusqu'à ce que David tombe du lit superposé, jusqu'à ce que Bert, qui n'était pas du tout allé à son club d'échecs, rentre en titubant vers les cinq heures du matin. Alors, la vie put reprendre son cours, dans un éternel recommencement.

Le hérisson

Elle est descendue de la voiture après s'être garée devant la clôture de la maison de campagne. Un vent de printemps tiède jouait dans les feuilles des arbres tandis qu'un timide soleil faisait scintiller l'eau de la baie. On aurait dit que des nuages blancs et cotonneux avaient atterri sur le terrain : l'aubépine était en pleine floraison, ainsi que quelques merisiers. C'était très beau. Comme toujours à cette époque de l'année.

Elle avait trois jours devant elle. Richard et sa greluche ne viendraient que pour l'Ascension.

De la cachette sous l'auvent, elle a sorti la clé plus rouillée que jamais. La porte avait gonflé, elle a eu du mal à l'ouvrir. Une fois à l'intérieur, elle a posé son sac à dos. Ça sentait la crotte de souris, l'humidité et le moisi. Elle est tout de suite allée dans la petite cuisine, a ouvert la porte du réfrigérateur. Pouah ! De la moisissure partout, et un relent de restes de nourriture dans un état de décomposition avancée. À l'évidence, la greluche n'était pas spécialement portée sur la propreté. Les réfrigérateurs doivent être vidés à l'automne, et débranchés, et il faut laisser la porte ouverte pour que l'air puisse circuler. La puanteur qui régnait là-dedans n'était de toute évidence pas près de disparaître.

Elle haussa les épaules. Ce n'était pas son problème. Plus maintenant.

D'abord un café et un feu dans la cheminée. Puis elle peaufinerait son projet. Il y avait du boulot.

Après avoir remis le courant et sorti un paquet de café de son sac à dos, elle ouvrit la porte du garde-manger.

Eh ben, bravo, les souris avaient eu de quoi ripailler pendant tout l'hiver !

Un paquet de farine éventré. Des bouillons cubes aux coins grignotés. Des crottes de souris dans le sucrier. Ces deux écervelés avaient même laissé un paquet de Wasa en partant l'automne dernier.

Mais bon sang, la greluche ignorait donc *tout* de la gestion d'une maison de campagne ? Richard, c'est sûr, lui, n'avait jamais levé le petit doigt quand il fallait boucler les lieux pour l'hiver. Il n'avait d'attention que pour le bateau, il y tenait comme à la prunelle de ses yeux.

Elle est sortie chercher des bûches et a découvert qu'ils n'avaient pas fermé à clé la porte de la remise ! N'importe qui aurait pu s'y introduire et voler le précieux moteur hors-bord de Richard bêtement posé là contre le mur.

Le bois était froid et humide. Les crétins ! Entrer quelques bûchettes au sec, c'était la dernière chose qu'on faisait avant de partir à l'automne, en prévision de la première flambée du printemps.

Elle est retournée dans la maison avec le panier à bûches rempli, s'est mise à chercher de vieux journaux pour allumer le feu. Dans le porte-magazines, il n'y avait qu'une revue française d'architecture intérieure aux couleurs éclatantes, pas un seul quotidien. Fallait faire avec. Elle s'est escrimée à déchirer en fines lamelles les pages épaisses de papier glacé qu'elle a froissées en boules et glissées sous le petit bois. Puis elle a tâté à droite sur le manteau de cheminée, où se trouvait habituellement la boîte d'allumettes.

Rien ! Pas d'allumettes !

Agacée, elle s'est relevée et a commencé à fouiller. Elle a ouvert des tiroirs qu'elle a aussitôt refermés, elle a inspecté le secrétaire du salon, les placards de la cuisine et la commode de l'entrée, tout en serrant les dents pour essayer d'ignorer les objets qui ne s'y trouvaient pas autrefois et qui n'avaient pas à s'y trouver.

Pour finir, elle a avisé un Zippo ultra-chic en laiton brossé sur le rebord de la fenêtre. Non sans un certain effort, elle est parvenue à allumer les bandes de papier, esquissant un sourire lorsque les flammes se sont emparées des rubans lisses. Des mots et des titres français ont noirci et commencé à rougeoyer, des photos de jolis sols carrelés et de murets en pierres sèches recouverts de plantes grimpantes. Déco française, non mais je rêve !

Doucement, l'air s'est réchauffé et la pièce est devenue agréable. Se laissant tomber dans le fauteuil devant la cheminée avec sa tasse de café, elle a retourné le Zippo.

« À mon Richard adoré, notre premier Noël ! »

Mon Richard. *Mon* Richard ! *Notre* Noël !

Il a amené sa greluche fêter Noël ici ?

On y a songé chaque année, a-t-elle pensé, sans jamais mener à bien le projet.

Elle a senti un coup au cœur, son pouls s'est accéléré, la panique n'était pas loin. Qu'est-ce qui lui arrivait ? Elle n'avait jamais eu de problèmes cardiaques. Elle a fermé les yeux et respiré profondément. La douleur s'est lentement effacée et son pouls s'est calmé.

On parlait bien de cœur brisé, il y avait peut-être du vrai là-dedans. Ce n'était pas une image, mais une véritable douleur physique.

Trêve de philosophie ! Il fallait se mettre au travail, si elle ne voulait pas devenir folle.

Elle a sorti un carnet de notes de sa poche, a trouvé un stylo sur la cheminée. Elle a observé la pièce avant de commencer à lentement l'arpenter dans un sens puis dans l'autre. Elle est entrée dans la chambre, a examiné chaque recoin, puis s'est rendue dans la cuisine et la minuscule salle d'eau. Elle est allée dans la véranda et sur la terrasse. Elle a longé les plates-bandes jusqu'aux cabinets d'aisance, sans arrêter de noter. Elle avait du pain sur la planche.

Le crépuscule avait déjà commencé à tomber. Elle a ajouté

du bois dans le feu et a branché un radiateur électrique dans la chambre. Elle a pris des draps dans la commode en choisissant ceux, usés, avec des lapins, qu'elle avait elle-même achetés chez Ikea de nombreuses années auparavant. Pas les draps de lin raffinés en haut de la pile qui scintillaient presque comme de la soie. Certainement pas. Elle n'était pas venue pour voler.

Elle a eu le temps d'accomplir presque tout ce qu'elle avait prévu.

D'abord les gros travaux : démonter le treillis devant la véranda qu'elle avait installé pour la clématite qui n'avait jamais vraiment voulu pousser. Racler la peinture de la petite table basse dénichée dans une vente aux enchères l'été dernier et peinte en bleu ciel. Le résultat importait peu, il fallait juste que la couleur marron d'origine apparaisse dans de longues stries. Saccager la rocaille ; ce fut la tâche la plus ardue – elle avait consacré plusieurs années à son installation. Allium rose et gentiane, pied de chat et immortelle d'argent. Elle a arraché les plantes et les a balancées dans le puits. En espérant qu'il y en aurait une de vénéneuse ! Ce serait bien fait pour eux ! Puis elle a roulé les pierres dans la pente jusqu'au bord de l'eau.

Ensuite elle a scié le lilas à côté de la grille du jardin. Le tronc était épais comme un bras, elle s'est bagarrée avec la vieille scie oxydée jusqu'à être en nage. Quand elle l'avait planté quinze ans auparavant – non, presque vingt –, c'était un tout petit arbuste d'à peine cinquante centimètres de haut.

Les vilains meubles de jardin en plastique blanc posaient un problème. À qui appartenaient-ils réellement ? Il les lui avait offerts pour ses cinquante ans vers la fin de leur mariage, elle avait essayé de ne pas montrer sa déception. Des meubles en plastique pour la maison de campagne. Un magnifique cadeau personnalisé pour une épouse adorée, de longue date qui plus est, n'est-ce pas ? Elle a fini par trancher – les meubles étaient à elle, elle les avait reçus en cadeau et pouvait donc en faire ce qu'elle voulait. Elle a essayé de mettre le feu à une chaise avec une bûchette enflammée, mais ça n'a pas marché, le plastique s'est juste couvert d'affreuses cloques et taches noires. Ce serait impossible de les brûler. Elle s'est donc contentée de casser les pieds et les dossiers du mieux qu'elle pouvait avant de porter les meubles éclatés à la mer et les jeter dans l'eau. La table est restée sur le flanc, pointant hors de la surface à quelques mètres du ponton. Tant pis.

Puis la pensée l'a frappée qu'elle venait sûrement de rendre service à la greluche. À celle-là, il fallait sans doute exclusivement du design français, et voilà qu'elle était libre d'en acheter. De petits meubles exquis en fer forgé peut-être, comme dans un café chic.

Le dernier jour, elle a refait un tour pour mettre en carton les quelques objets restants qui lui appartenaient. Les rideaux et l'abat-jour qu'elle avait brodé. Deux jolis verres qu'elle tenait de ses parents, son peignoir préféré pendu à une patère derrière la porte de la chambre. Il paraissait un peu crade suspendu là à côté d'une robe de chambre rose et moelleuse inconnue. Une paire de bottes en caoutchouc, une paire de sabots scandinaves. Des babioles dans les tiroirs. La banquette arrière de sa voiture en a été remplie.

Dans la plate-bande, les tulipes étaient déjà sorties de terre, de petites pousses dodues. Elle les a coupées. Un instant, elle a envisagé de déterrer tous les bulbes pour les emporter avant de se rappeler qu'elle n'avait nulle part où les planter, et de toute façon ça avait l'air plus brutal ainsi. Elle a verrouillé la porte, remis la clé à sa place et regardé autour d'elle. Elle a failli céder à l'impulsion soudaine de mettre le feu à toute la maisonnette en se servant de l'essence du hors-bord et de ce foutu Zippo. Mais soyons honnêtes, la maison de campagne était à lui. Elle, elle avait eu l'appartement en ville.

Du coin de l'œil elle a aperçu un mouvement près du tas de feuilles à côté de la grille.

Le hérisson !

Il était sorti de son hibernation !

Ah, toutes les soirées qu'ils avaient passées sur la véranda à regarder le petit animal traverser la cour. C'était probablement un hérisson différent d'une année à l'autre, mais ils l'appelaient toujours Matilda, s'imaginant que c'était le même qui revenait. Assis serrés l'un contre l'autre dans la balancelle, ils avaient écouté les drôles de bruits d'accouplement. Ils leur avaient mis du lait dans une assiette, avaient pris en photo l'enfilade de petits bébés hérissons qui surgissaient chaque année vers la fin de l'été.

Une chose était sûre : la greluche n'aurait pas Matilda.

En sanglotant, elle s'est rendue dans la remise et a descendu la gaffe du bateau de son crochet. Elle a pleuré toutes les larmes de son corps quand elle a tué le petit animal, en frappant, frappant, frappant. Puis elle l'a posé en évidence sur le perron, a rejoint sa voiture et a vidé les lieux sans se retourner.

Un beau jour, elle est partie sans crier gare

Elle n'avait pas oublié d'acheter son tabac à chiquer préféré et un grand sachet de berlingots à la menthe poivrée. C'était son péché mignon, il pouvait en manger des quantités astronomiques. Assis dans le fauteuil à bascule, il les suçait et les retournait dans sa bouche avec la langue. Elle lui avait aussi acheté une écharpe bien chaude, il avait paru tellement frigorifié la dernière fois qu'elle était venue le voir, quand ils avaient fait le tour du parc, d'un pas lent, très lent. Un petit vieux si petit, si amaigri et gelé.

Elle appuya sur la sonnette et entendit la mélodie familière carillonner longuement. Bizarre. Il savait pourtant qu'elle devait venir, il se réjouissait de ses visites longtemps à l'avance, l'appelait presque tous les jours la semaine avant sa venue. Il n'avait plus de mémoire, c'est vrai, il avait largement dépassé les quatre-vingts ans, mais en général c'étaient des choses sans importance qu'il oubliait, comme l'endroit où il avait mis ses clés ou quel jour on était. Il avait appelé plusieurs fois aussi la semaine dernière.

Elle sonna de nouveau. Ça faisait un petit moment qu'elle n'était pas venue. Pas depuis l'été en fait. Son état aurait-il empiré ? Se serait-il trompé de jour et…

Enfin elle entendit des pas traînants dans l'appartement. Il eut du mal à ouvrir la porte, se bagarrait avec la chaîne de sûreté.

– Bonjour papa ! C'est moi ! dit-elle en souriant et en le serrant contre sa poitrine.

Elle lui tendit un bouquet de tulipes qu'elle avait acheté au supermarché en bas de l'immeuble. Il s'illumina en la voyant, fit un pas de côté. Elle entra et se débarrassa de son manteau.

Si, si, il s'était parfaitement rappelé qu'elle allait venir. Dans la cuisine, deux tasses à café étaient déjà sur la table, la cafetière était branchée et la boîte à biscuits sortie. La fameuse boîte à biscuits, que maman avait mis un point d'honneur à toujours maintenir garnie parce qu'il adorait ses pâtisseries. Elle gardait toujours des sachets de viennoiseries au congélateur aussi, suffisamment pour accompagner le café après son propre enterrement, mais ils ne les avaient pas sorties. Ça paraissait trop macabre. Cela faisait trois ans.

Ils s'installèrent et son père les servit. Ses mains tremblaient légèrement, le café qui coulait dans la tasse formait une petite vague. Puis il plissa le front.

– Je ne comprends pas pourquoi elle ne vient pas ! dit-il sur un ton geignard. Ce n'est quand même pas trop demander, au moins maintenant quand tu es là !

– Qui ça ? demanda-t-elle, surprise. Tu parles d'une des aides à domicile ? Pourquoi veux-tu qu'elle vienne parce que je suis là ? Tu as un problème avec elle ?

– Pfft, les aides à domiciles ! souffla-t-il avec mépris. C'est le jeudi qu'elles viennent. Ou qu'*ils* viennent, serait plus exact. Ils m'envoient des garçons aussi maintenant, on ne peut même pas discuter avec eux, ils parlent à peine suédois. Mais après tout, pourquoi pas, ils font le ménage aussi bien que les filles. Et ils ne sont pas à cheval sur le règlement, si je leur demande de changer une ampoule du plafonnier, ils grimpent sur une chaise et le font. Alors qu'en réalité, ils n'en ont pas le droit, c'est crétin, tu ne trouves pas ?

Il papotait, inlassablement. De qui avait-il parlé, au juste ?

Il se pencha en avant et prit la boîte à biscuits, parvint avec une certaine difficulté à en ôter le couvercle et jeta un regard navré dedans.

– C'est ça, j'en suis réduit à t'offrir des gâteaux industriels. Elle ne me prépare plus jamais de biscuits, il faut que tu le saches, dit-il en claquant la langue d'énervement. Tiens, sers-toi !

Qui était donc censé lui faire des gâteaux ? Elle eut un mauvais pressentiment.

– Et tu crois qu'elle ferait un saut ici ? Jamais de la vie ! Après tout ce qu'on a vécu ensemble, elle pourrait quand même faire l'effort de passer me voir. Après cinquante-deux ans de mariage ! Faut croire qu'elle est aux anges avec le nouveau, et du coup, moi, je n'existe plus !

Seigneur !

– Papa, c'est de maman que tu parles ? C'est elle qui devrait venir te voir ?

Il la regarda, tout surpris.

– Qui d'autre ?

– Mais papa chéri. As-tu oublié que…

– Oublié quoi ? Je n'oublie jamais rien, tiens-le-toi pour dit ! Je suis toujours le roi des mots croisés et du Trivial Pursuit. Je me souviens de tout ce que j'ai appris. Alors qu'Elsie, hein, vers la fin, avant qu'elle parte, elle se souvenait à peine de son propre numéro de téléphone.

Il poussa un rire méchant.

– C'est peut-être ça, le problème. Elle a oublié où on habite !

– Papa chéri… maman n'est pas partie ! Elle est morte ! C'est douloureux pour toi de te souvenir de ça ?

Il parut agacé.

– Qu'est-ce que tu racontes ? Ne viens pas essayer de me faire gober ce genre de foutaises. J'ai justement réfléchi à un truc, c'est que vous, les enfants, vous n'avez jamais supporté l'idée que votre mère veuille divorcer et qu'elle soit partie avec le nouveau. Vous ne voulez jamais en parler. Mais bordel, ce n'était pas de ma faute !

– Papa, tu ne te souviens pas du tout de son enterrement ?

– Quel enterrement ? Qui c'est qui est mort ?

– Elle a eu des funérailles magnifiques, maman. C'est toi qui as choisi la musique et tu as posé un bouquet de dahlias du jardin sur son cercueil.

Il porta un regard vide sur elle. Puis il se leva, s'approcha de la cafetière et lui demanda si elle en voulait encore.

– Je trouve qu'elle aurait pu faire un saut, au moins quand tu es là, marmonna-t-il. Mais c'est peut-être lui, le nouveau, qui le lui interdit !

– Papa ! Maman n'a pas de nouveau compagnon. Elle est décédée ! On peut aller au cimetière cet après-midi, si tu veux.

Ce serait peut-être plus charitable de le laisser croire que maman est encore vivante, pensa-t-elle. Comme ça il peut lui en vouloir au lieu de la pleurer. La colère, c'est sans doute moins douloureux que le deuil.

– Qu'est-ce que tu veux qu'on aille faire au cimetière ? Qu'est-ce que tu essaies de me faire avaler ? Un beau jour, ta mère a décidé de me quitter, voilà tout ! D'ailleurs elle n'habite pas loin, juste à côté dans les nouveaux immeubles sur Nobelvägen !

Elle ne sut pas quoi répondre, si bien qu'elle se tut.

– Tout à fait, je l'ai vue entrer par la porte du coin, la C, plus d'une fois. Avec lui, le nouveau ! Ils sont tout le temps ensemble. Tu prends de la crème ?

Ils finirent leur café en silence.

– Je trouve qu'elle aurait pu faire l'effort de venir quand même ! Ce n'est qu'à quelques rues d'ici ! Maintenant que tu es là et tout ! se plaignit-il encore une fois.

– Sinon, comment va ta hanche, papa ? tenta-t-elle.

– Ça va, ça vient, c'est comme ça ! Mais je me débrouille sans déambulateur ! On ne peut pas en dire autant de son nouveau compagnon ! dit-il en s'illuminant. Lui, il a besoin d'assistance pour marcher ! Alors que moi, je me débrouille avec ma canne !

Il avait dû voir quelqu'un qui ressemblait à sa défunte femme et avait bâti toute une histoire autour d'elle. Qu'est-ce qu'on fait dans ces cas-là ?

– Divorcer, à son âge ! continua-t-il de marmonner. Des lubies, des caprices, voilà ce que c'est ! Un jour, elle est juste partie, comme ça, sans crier gare ! Et vous, les enfants, vous n'avez jamais voulu en parler ! Vous avez honte, je suppose !

– On va se promener, papa ? proposa-t-elle. On peut aller au parc. Il fait beau dehors !

Pas la peine de l'emmener au cimetière, se dit-elle. Elle me fatigue, cette histoire. D'ailleurs, de quel droit est-ce que je lui enlèverais maman ?

Il sembla hésiter.

– Mouais… tu sais, il n'est pas impossible qu'Elsie se mette en tête de faire un saut après tout. Maintenant que tu es là et tout et tout. C'est une simple question de décence, tu ne trouves pas ?

Le coussin de grains de blé

La fatigue tirait sur les cervicales. Elle mit le coussin-bouillotte à base de grains de blé à chauffer dans le micro-ondes quelques minutes, le temps de se préparer une tasse de thé. Puis elle s'installa dans le canapé du salon avec le coussin chaud et alluma la télé. Un documentaire sur des enfants en Somalie, les images habituelles. Des jambes comme des allumettes et des yeux pleins de mouches.

Tout à coup, elle se rendit compte qu'elle tenait le coussin comme un nourrisson, serré contre sa poitrine. Elle ferma les yeux et savoura le poids doux et paisible.

Sans céder aux larmes, elle finit par draper le coussin sur ses épaules, se pencha en arrière et changea de chaîne.

Publicité pour des couches. Elle changea encore. Émission pour enfants. Merde alors !

On dirait une foutue conjuration, pensa-t-elle. Quelqu'un là-haut – ou en bas – se donne la peine de toujours me rappeler combien mes bras sont vides. Toutes ces femmes enceintes jusqu'aux yeux qui se dandinent dans les rues, un sourire énigmatique sur les lèvres. L'espace réservé aux poussettes dans la cave de l'immeuble. Des mômes en gilets jaune canari qui traversent le parc agrippés à la corde de promenade, les braillards au supermarché qui tirent leurs parents vers les sucreries installées près des caisses, les papas en congé paternité qui courent les cafés, leur pitchoun dans un porte-bébé, les petits écoliers au sourire édenté et au cartable crasseux, les adolescentes dégingandées aux yeux charbonneux qui pouffent bêtement pour un oui ou pour un non. Les grands-mères qui racontent des anecdotes amusantes sur leurs petits-enfants dans les magazines.

Elle eut un sourire en coin.

Quand on n'a pas d'enfants, on n'a pas non plus de petits-enfants.

C'était son corps qui était en demande. Le vide de ses bras qui l'élançaient quand elle baissait la garde. Le ventre avec toutes les douleurs inutiles de règles, mois après mois. Les genoux qui se transformaient en compote quand elle entendait des rires d'enfants. Elle avait regardé les bébés qui rient sur YouTube, encore et encore, des centaines de fois. À en avoir les yeux qui brûlent.

Désormais, elle faisait attention de ne pas visionner ces vidéos quand Lucas était à la maison. Ça lui faisait tant de peine. Au lieu de quoi elle regardait la maman panda qui bondit de surprise quand son petit éternue. En fait, c'était pareil, mais qu'elle regarde des pandas, des chatons ou les animaux adorables du site *Cute overload* ne perturbait pas Lucas.

Il ne semblait pas éprouver ces émotions-là de la même façon qu'elle. Quand ils avaient finalement eu le verdict, après toutes ces années de vaines tentatives, il l'avait enlacée en disant que c'était elle qu'il aimait, pas ses ovaires. Il voulait vivre avec elle, vieillir avec elle, il ne ressentait pas le besoin d'avoir une nichée grandissante dans les jambes. Il n'aspirait pas à monter une entreprise où il placarderait son nom suivi de « & fils ».

Une fois à Noël, sa sœur était allée trop loin, après avoir sifflé trois aquavits. Elle avait commencé à s'étendre sur tous ces orphelins dans le tiers-monde qui avaient besoin de parents, et si on ne voulait pas d'un enfant noir, on trouvait désormais des enfants dans les orphelinats russes qui ressemblaient assez aux Nordiques, n'est-ce pas ? Ou alors une GPA. Insémination artificielle. Fécondation *in vitro*.

Ça avait agacé Lucas. Elle-même était restée assise en bout de table, blanche et raide, les yeux rivés sur une portion de travers de porc qui semblait tout à coup démesurée et absurde.

Il avait pointé un doigt sur ses nièces hurlantes qui se bagarraient pour une poupée, pendant que le petit dernier régurgitait son lait sur l'épaule de son papa.

– Tu veux dire que c'est ça qu'on aurait ? Franchement, je miserais plutôt sur un Jack Russel Terrier. Eux, au moins, ils se laissent dresser.

Elle savait que ses intentions étaient bonnes, mais aussi qu'il ne ressentait pas les choses comme elle. Il paraissait presque distraitement soulagé qu'ils ne soient pas obligés de tout planifier en fonction de leur vie de famille. Qu'ils ne soient pas obligés d'économiser pour acheter un déprimant pavillon de banlieue avec un petit carré vert et une balançoire. De troquer leur voiture pour un monospace d'occasion avec de la place pour la poussette. De renoncer aux voyages, aux fêtes et à leurs activités parce qu'ils ne trouvaient pas de baby-sitter. Ils allaient au concert et au théâtre quand l'envie les prenait, ils se payaient des voyages de dernière minute pour les Maldives, ou des croisières à bord de paquebots où on leur servait des menus complets avec entrée, poisson, viande, fromage et dessert et qui proposaient du shuffleboard sur le pont supérieur. Les passagers étaient majoritairement des retraités. Tous ceux de leur âge restaient chez eux avec les gamins ou passaient les vacances en famille ou rafistolaient la maison de campagne, c'est ce qu'elle se disait quand elle fermait les yeux face au soleil, assise dans un transat sur le pont promenade. Ils n'avaient de toute façon pas les moyens de partir en voyage parce que le petit Hugo avait besoin d'une nouvelle combinaison pour l'hiver, puis il y avait les cours d'équitation de Maja, et ils devaient absolument envoyer Putte en séjour linguistique !

Autrefois, le piment de leur vie sexuelle, c'était ça, la certitude que la Possibilité existait. Tous les mois, elle sentait à peu près quand c'était le moment, chaque fois c'était comme de vérifier en tremblant d'impatience le numéro d'un billet de loterie.

Et chaque fois, c'était un billet perdant.

Elle n'avait même jamais fait de fausse couche. Dans ce contexte, ça aurait fait l'effet d'un billet gagnant, se disait-elle toujours. Ça aurait au moins montré que la machinerie fonctionnait.

Soudain elle sursauta et baissa les yeux.

D'une drôle de façon, le coussin de graines s'était déplacé. Il se retrouvait dans ses bras de nouveau. Elle le balança par terre.

Rester allongée à côté de Lucas nuit après nuit ne faisait que souligner l'inutilité de leur mariage. Et ils n'arrivaient pas à en parler.

Le couple sans enfant. Les inféconds. Les stériles. Y penser était comme tripoter une plaie ouverte avec des doigts sales. Le pire, c'était quand ils faisaient l'amour. Elle n'y arrivait plus. Presque plus. Et lui ne comprenait pas, il se sentait blessé. Ça faisait plusieurs mois depuis la dernière fois.

J'ai quarante-deux ans, songea-t-elle. J'ai encore cinq bonnes années devant moi avant de pouvoir tranquillement me laisser aller dans la certitude que je n'aurai jamais un autre paquet à dorloter que ce coussin de grains de blé. Comment vais-je tenir le coup ? Je vais commencer à barjoter, me mettre à voler des poussettes dans la rue, déboutonner mon chemisier et donner le sein à ce foutu coussin.

Je pourrais peut-être prendre le voile ? Faire de la chasteté et l'absence d'enfants une vertu. Me promener en habits empesés, m'occuper d'orphelins. Y a-t-il dans ce pays un couvent où je pourrais me réfugier ?

Sinon, il faudra que je quitte Lucas. Parce que là, je n'en peux plus.

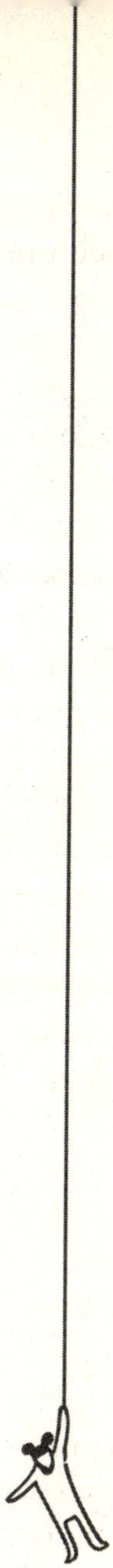

Je vous souhaite un joyeux divorce

Ce fut un divorce réellement *sympa*, tout le monde était d'accord là-dessus. C'était franchement encourageant de constater que ça peut se passer de cette façon, qu'il est possible de divorcer comme des gens civilisés ! Stig et Mia sont un exemple pour nous tous, voilà ce que j'ai dit dans le discours que j'ai prononcé à la fête.

Les amis en plein divorce sont en général une vraie calamité, ça peut durer des années. Il arrive par exemple qu'ils surgissent sur votre palier avec un sac de voyage fait à la va-vite en disant que Betty est devenue complètement folle, elle vient de me foutre à la porte alors que la maison est à moitié à moi et tu peux me croire que... il est hors de question que je... et tu viens boire une mousse avec moi ? Pendant que votre propre femme est au téléphone avec Betty justement. Puis vous entrez en conflit avec *elle* et vous vous retrouvez à passer la nuit sur le canapé du salon. Quoique, on se débarrasse en général assez facilement des mecs de ce genre, ils ont rarement besoin de plus de deux ou trois nuits sur le clic-clac dans la salle de jeux au sous-sol. Ensuite vous êtes vous-même réadmis dans le lit conjugal. Avant six mois, ils ont d'ailleurs dégoté une nana plus jeune et plus blonde tandis que Betty continue à appeler un soir sur deux, mais ça, c'est à votre femme de le gérer. C'est plus compliqué avec ceux qui s'incrustent, qui ne font que sangloter et hoqueter et qui veulent parler à longueur de nuit parce que « c'est à ça que servent les amis, pas vrai ? », qui veulent que vous témoigniez en leur faveur dans des conflits de garde d'enfants et de partage des biens. Ceux-là, il vaut mieux essayer, très délicatement, de les refiler à d'autres copains, célibataires, sinon vous vous retrouverez rapidement vous-même sur un palier avec un sac de voyage fait à la va-vite. Ne témoignez JAMAIS, c'est un conseil d'ami !

Et les copines dont le mec les trompe, Dieu du ciel, elles sont à fuir comme la peste ! Évidemment que vous êtes au courant que Tommy a des maîtresses depuis des années, vous avez même abordé le sujet avec lui plus d'une fois, mais ça, vous ne pouvez pas le dire à sa légitime, pas avant qu'il ait décidé s'il veut divorcer ou pas. Les copains se taisent, « c'est à ça que servent les amis, pas vrai ? ». Putain. Ce serait bien si les gens pouvaient garder leur divorce au sein de la famille !

Comme maintenant Stig et Mia. Merci d'exister, voilà ce que je dis.

Stig m'a raconté qu'ils ont préparé leur divorce pendant plus d'un an. Ils avaient décidé que, coûte que coûte, ce serait une expérience indolore, presque feutrée. Ils étaient mariés depuis dix-huit ans et avaient vécu beaucoup de moments sympas, comme ils disaient.

Tous les deux avaient de nouveaux partenaires dans les coulisses qui les soutenaient, pas de rancœur ni rien. Quand Stig était rentré de son séminaire de formation en appréhendant d'avoir à dire à Mia qu'il avait rencontré Sophie, exactement la femme dont il avait besoin – eh bien, c'était justement le soir que Mia avait choisi pour lui dire : « Stig, il faut qu'on parle », l'air malheureux. D'abord il avait cru que quelqu'un avait cafté sur Sophie, mais il s'est avéré que, pendant son absence, Mia avait rencontré Erik, qui la *comprenait* comme jamais Stig ne l'avait comprise ! Et d'ailleurs leur vie sexuelle était au point mort depuis cette fête de la Saint-Jean trois ans auparavant quand ils avaient été si soûls et que ça avait été un bide complet. D'après Stig.

– Je ne peux pas nier, m'a-t-il confié, que mon premier réflexe a été de vouloir lui défoncer la gueule à ce putain de faux cul d'Erik. Puis Sophie m'a appelé sur le portable,

Mia est partie et j'ai eu le temps de réfléchir un peu. Et on a fini par penser tous les deux que c'était ce qui pouvait nous arriver de mieux, qu'on avait une sacrée chance d'avoir trouvé les chemins pour refaire notre vie *en même temps*, comme ça ni l'un ni l'autre n'allait se retrouver seul et inconsolable ! C'est alors qu'on s'est dit qu'il fallait faire un truc sympa de notre divorce. D'abord on a décidé de se donner un an, pour qu'Anna puisse continuer à vivre avec ses deux parents jusqu'au bac. Après, elle devait aller en fac à Uppsala, et alors on serait libres de nos mouvements. Et crois-moi ou pas, a-t-il poursuivi, on s'est amusés comme des petits fous en planifiant la cérémonie ! C'est Mia qui y a pensé – elle disait que, quand on se marie, c'est le branle-bas de combat avec vêtements de gala, alliances, fête somptueuse, pasteur, voyage de noces, lune de miel et tout le tremblement. Divorcer est une étape tout aussi importante, voire plus – puisqu'on a des biens, des enfants, une maison, un foyer, des souvenirs, des photos de vacances, des amis, une *tondeuse à gazon* et je ne sais quoi encore ! Tout ça réclame bien une cérémonie aussi !

Ils iraient piano piano pour déconstruire leur foyer et rompre tous liens économiques, puis ils feraient une grande fête pour empêcher ce qui se passe habituellement, quand tout le monde doit se positionner et que ça finit invariablement par exclure l'un des deux du cercle d'amis.

Mia voulait carrément que Stig et elle portent des habits particuliers pour la fête, une robe anti-noces pour elle en quelque sorte, mais Stig trouvait que c'était aller un peu trop loin. En revanche, ils pourraient porter leurs anciens habits de mariage qui étaient remisés au grenier, tant la robe que le costume, qu'ils enlèveraient ensuite solennellement pour en faire don au Secours populaire. L'idée était bonne, sans doute, mais elle a achoppé sur le fait que dix-huit ans s'étaient écoulés, et ils avaient pris à peu près autant de kilos, un détail qui leur avait échappé. Quoi qu'il en soit, le jour venu, Mia était habillée en bleu, « la couleur de l'espoir » comme elle disait.

Sophie et Erik allaient participer à la fête, il y aurait une cérémonie de passation de partenaires, où ils se confieraient l'un l'autre à leurs nouveaux compagnons, un peu comme quand le père conduit sa fille à l'autel pour la donner à son futur marié.

Ils ont consulté des avocats et partagé leurs biens en bonne entente, ils se sont carrément moins disputés que durant ces dernières années, se montrant plutôt extrêmement polis et disant « Ça, tu peux le prendre ! », « Ce truc-là, tu l'as toujours aimé ! » et « Ça vient de tes parents, c'est à toi ! » et ainsi de suite. Ils avaient mis la maison en vente, ils allaient la vider après la cérémonie de divorce et dans un premier temps s'installer chez Erik et Sophie. Respectivement. Quelques jours avant la cérémonie, ils ont fait passer un avis dans le journal sous la rubrique « Divorces » que le journal a créée exprès pour eux. Le rédacteur en chef a trouvé le concept chouette et a envoyé un journaliste chez eux pour un reportage. Ils avaient même leur photo dans le journal : Stig et Mia dos à dos en souriant, avec la légende « Merci pour tout, la vie continue ». Comme une photo de mariage à l'envers. Anna était assise devant eux, chacun avait une main posée sur son épaule. J'ai trouvé ça assez beau.

La fête a été géniale, mais un peu barjot quand même. Les gens n'arrêtaient pas de leur dire « Joyeux divorce ! », « Tous mes vœux aux divorcés ! ». Il y avait aussi un tas de rituels, ils ont par exemple découpé une photo de leur mariage et brûlé les morceaux dans un bol, mais Stig m'a raconté que ce n'était qu'une copie. Et ils ont enlevé leurs alliances et les ont données à Anna, elle avait l'intention d'en faire des boucles d'oreilles. Elle a complètement adhéré à tout le bazar en disant que c'était en tout cas mieux que de continuer à s'éviter dans un silence pesant comme ils l'avaient fait ces dernières années.

Mais le plus étrange a sans doute été la passation, si je puis dire. Ils l'ont réellement effectuée. Mia tenait Stig par la main quand ils se sont avancés vers Sophie, elle a mis la main de Stig dans celle de Sophie, pendant que les enceintes diffusaient un vieux morceau des Rolling Stones, *It's All Over Now*. Ensuite Stig a fait la même chose et a donné Mia à Erik.

Après la cérémonie, nous avons dansé comme des fous en braillant : « *Because I uuuused to love you, but it's all over now !* » Ce morceau a tourné en boucle pendant toute la soirée, et ensuite quand on a commencé à devenir soûls et fatigués, on est restés affalés dans les fauteuils et Mia a chanté, vraiment bien, *It's All Over Now, Baby Blue* de Bob Dylan.

« *The vagabond who's rapping at your door, Is standing in the clothes that you once wore. Strike another match go start anew. And it's all over now, baby blue.* »

... et LÀ, j'ai eu la sensation bizarre que quelque chose était en train de dérailler ! C'était cette histoire d'anti-voyage de noces.

Ils avaient décidé de clôturer les festivités en partant en Crête, c'est là qu'ils étaient allés pour leur voyage de noces, comme ça ils allaient faire leurs adieux à tous leurs endroits cultes pendant qu'ils se pencheraient sur les tout derniers détails ; juste un week-end prolongé, un séjour pas cher. Vers la fin de la fête, ils ont pris Erik et Sophie dans leurs bras, un grand câlin groupé, n'est-ce pas, avant de filer tous les deux à l'aéroport en taxi. C'était comme un mariage, le bouquet de la mariée en moins ! Quoique, Mia, cette foldingue, avait joué avec l'idée d'en composer un de chardons et d'orties... mais ça aurait signifié que si elle le lançait à quelqu'un, ce serait son tour de divorcer ensuite ! De toute façon, ce n'était pas l'époque des orties.

Ils ont donc disparu, en agitant joyeusement la main, et le temps est passé. Le mercredi, Sophie m'a appelé pour me demander si j'avais des nouvelles de Stig.

– Quoi ! me suis-je écrié. Tu veux dire qu'il n'est pas encore rentré ? Ils auraient dû être de retour depuis deux jours déjà !

Ben non, elle n'avait eu aucune nouvelle et il ne répondait pas sur son portable.

J'ai essayé de joindre Erik. Je ne le connaissais pas spécialement, mais des copains m'ont donné son numéro de téléphone. Non, lui non plus n'avait pas eu de nouvelles, a-t-il dit sur un ton glacial, comme si c'était ma faute, ou celle des amis de Stig, s'il était arrivé quelque chose. Car de toute évidence, c'était le cas ! La question était de savoir quoi.

Isa et moi, on a commencé à s'inquiéter. On s'est dit que voilà, ils se sont volés dans les plumes au point que l'un a poussé l'autre dans un précipice quelque part en Crête, ou alors ils se sont tout bonnement quittés et ils ont honte de revenir en mauvais termes, après tout le baratin sur l'importance de rester amis.

Mais ça a été pire que ça.

Au bout de deux semaines, Anna a signalé leur disparition à la police, qui a contacté la police crétoise. Personne en Suède ne savait où ils se trouvaient exactement.

C'est à ce moment qu'on a reçu un mail.

Une photo de Mia et Stig, beaux et bronzés, sur l'escalier de leur petit hôtel en Crête, en train de s'embrasser. Voici la teneur du courriel : ils avaient compris qu'ils avaient été sur le point de faire la plus grosse bêtise de leur vie et maintenant ils voulaient s'excuser de nous avoir menés en bateau. Ils allaient recommencer à zéro, dans un petit appartement, comme quand ils étaient jeunes. Ils avaient parlé avec Erik et Sophie qui prenaient la chose avec philosophie, sans ressentiment – mais ça, je n'y crois pas une seule seconde. Sophie dit toujours du mal de Stig dès qu'elle peut, m'a-t-on dit. « Tout ce dont on avait besoin était un projet en commun et le sentiment qu'on n'était pas *obligés* de rester ensemble, qu'on n'était pas coincés ! » m'a avoué Stig par la suite.

Nous, ses amis donc, on s'est sentis un peu décontenancés au début, je crois. Ça avait été réconfortant de se dire que les divorces ne sont pas forcément de grandes tragédies.

– Mais d'un autre côté, réfléchissez ! ai-je dit aux autres qui avaient participé à la fête. Maintenant on sait au moins qu'il est possible de divorcer de manière civilisée. Et si en fin de compte, la flamme se rallume, ce n'est quand même pas la pire des choses qui puisse vous arriver !

Merci d'exister, Stig et Mia, voilà ce que je dis !

All inclusive

– Qu'est-ce que tu penses d'une terrasse côté cour aussi ? dit-il pendant le dîner.

Il avait cet éclat de menuisier enragé dans les yeux.

En fait, elle n'avait pas cru possible de trouver *encore* un endroit pour faire une extension. Il avait construit des terrasses en bois qui faisaient pratiquement tout le tour de la maison, il avait posé un toit à certaines parties qui s'étaient ainsi transformées en de nouvelles vérandas. Une terrasse côté cour ? Au nord donc. Où de tristes conifères barraient efficacement le chemin aux derniers rayons de soleil en été.

Elle eut un frisson involontaire.

Alors qu'on pourrait être assis dans une douce brise du soir sur une terrasse face à une mer turquoise, sous une débauche de bougainvillée violette. Un gimlet frappé à la main.

Ça faisait longtemps qu'ils n'avaient pas pu s'offrir ce luxe. Le bois de charpente coûte cher.

Et il n'y avait aucune limite à ce qu'il pouvait inventer ! Elle plissa le front et lui jeta un regard oblique.

Il construit à l'extérieur, il construit à l'intérieur. Des étagères, des placards, des cloisons, des escaliers. C'est un miracle si on peut encore se déplacer dans cette maison. Et quand il construit, il ne parle à personne. Soit il prend des mesures avec son mètre et ne doit pas être dérangé. Soit il tangue au péril de sa vie en haut d'une échelle, la bouche remplie de pointes, serrées entre ses lèvres.

Il se leva et commença à mesurer l'espace de part et d'autre de la porte donnant sur la terrasse. Débordant d'enthousiasme, il inclinait son mètre dans un sens puis dans l'autre tout en griffonnant des chiffres au dos d'un livre avec son crayon de menuisier. Qu'est-ce qu'il avait encore en tête ?

J'ai vu une publicité pour Hurghada. L'hôtel avec son jardin paradisiaque. L'espace bien-être. La plongée. Une visite au musée de biologie marine. Peut-être une excursion au temple d'Amon à Louxor. Pas la peine, d'ailleurs, de l'emmener, l'Égypte, ce n'est pas sa tasse de thé. En voyage, on trouve toujours des gens avec qui parler. Et ce n'est pas spécialement cher comme séjour.

Pourquoi faut-il qu'on continue à habiter ici ? pensa-t-elle, résignée. *Trois kilomètres de piste pour rejoindre l'arrêt de bus le plus proche. Pas un voisin dans les parages, à part les Markgren à moitié sourds. À tous les coups, il nous voit encore habiter ici quand on sera à la retraite. La seule animation du coin se résume au vieux Markgren qui se promène, et à un hérisson ou deux qui sortent au crépuscule. Se taire ensemble jour après jour, quelle triste perspective !*

Voilà qu'il reparle de construire une chambre d'ami, c'est une obsession chez lui. Je crois qu'il s'imagine sérieusement que Molly est prête à venir passer ses étés dans la triste maison de son enfance, avec mari et enfant. Enfin, son mari, lui, serait sans doute d'accord pour peigner la girafe sur un transat toute la journée, les écouteurs dans les oreilles, et juste faire une petite apparition à l'heure des repas. Nous serions subitement quatre adultes à table. Ce qui n'est pas donné. Mais Molly est comme moi, pendant ses précieuses vacances elle veut voir autre chose qu'une morne forêt de sapins et des empilages de bois de construction.

Elle avait entendu dire qu'on trouvait des locations pas chères en Grèce aussi, de longues périodes en hiver. Fini le déneigement de l'accès à la maison. Plus besoin de porter des sacs de provisions en pataugeant dans la neige sur trois kilomètres. Et ça ne coûterait pas plus cher que de rester à la maison, probablement moins, même. Passer les soirées dans des cafés à discuter avec des gens. Ou sur un balcon avec vue sur mer.

L'année prochaine je prendrai mes vacances en hiver. Autant aller au boulot pendant l'été, comme ça je n'aurai pas à écouter le boucan de la scie circulaire. Et après je m'envolerai pour Chypre pendant un mois. En le laissant ici avec son mutisme.

⋆

– Qu'est-ce que tu penses d'une terrasse côté cour aussi ? dit-il pendant le dîner.

– Mais c'est au nord ! répondit-elle. Ça ne sert à rien !

– La vue est belle de ce côté-là. On est à l'abri des regards, les voisins ne peuvent pas nous voir.

– Pas un hiver de plus avec des tas de planches partout dans le jardin ! Et d'ailleurs, je croyais qu'on devait utiliser nos économies pour voyager ?

Voyager. Quelque part all inclusive *pour qu'elle n'ait pas à cuisiner. Avec piscine. Des heures interminables avec elle, sans autre sujet de conversation que la température de l'air. Pendant qu'elle lit sa foutue* chick lit. *Des promenades dans un sens, puis dans l'autre dans l'unique rue du village, tous les soirs. Sans desserrer les dents.*

– Mais on est allé à Golden Sands il y a deux ans ! objecta-t-il. Et si j'élargissais l'ouverture de la porte de la terrasse, ce serait bien, non ? On pourrait installer des étagères de chaque côté, pour des livres ?

– Des étagères pour des livres ? On ne remplit même pas celles qu'on a déjà. J'aurais de la sciure partout dans la maison et le boucan de la scie circulaire me rendrait folle… Qu'est-ce que tu dis de Hurghada ?

– C'est où, ça ?

– Enfin, tu le sais bien, en Égypte. On prendrait un grand bain de culture pour une fois.

Suivre le troupeau de touristes derrière le guide. Poser pour une photo à dos de dromadaire. Acheter de petites pyramides en plastique. Se prendre une biture sur un balcon, avec ou sans nouveaux amis. Écrire des cartes postales rigolotes aux enfants et aux copains, une petite baise de temps en temps si elle n'a pas pris un coup de soleil ou si elle n'est pas indisposée à cause de la chaleur.

– Moi, je préférerais utiliser cet argent pour agrandir le garage ! À moins que… On avait parlé d'aménager une vraie chambre d'amis, non ? Maintenant que Molly est enceinte ? Ils ne pourront pas continuer à dormir là-haut dans la mansarde avec le bébé. Je…

– On dirait que tu t'imagines que Molly va revenir vivre ici ! Tu débloques complètement. Quand ils viennent, déjà ce n'est pas si souvent, ils peuvent très bien prendre une chambre d'hôtel en ville !

Elle marqua une petite pause avant de poursuivre :

– J'avais plutôt pensé… tu ne trouves pas qu'il serait bientôt temps de trouver une maison plus petite ? Un appartement peut-être, pour que tu n'aies pas à rénover sans arrêt ? Ça fait trente ans que tu bricoles. On ferait de sacrées économies !

De l'argent. Des économies. Dans quel but ?

Deux mains désœuvrées qui pendent le long du corps et jamais autre chose qu'une porte de placard faussée pour faire fonctionner la scie. Putain, pour quoi on vit ? Je parie que bientôt elle va vouloir se mettre au golf !

– Ce n'est pas vraiment le moment de vendre, vu l'état du marché immobilier, tenta-t-il en s'efforçant de paraître crédible. Mais si on transformait la véranda en jardin d'hiver…

– On ? Nous ? Tu veux mon aide, c'est ça ? Écoute, tu pourrais presque démissionner de ton boulot et monter ton propre atelier de menuiserie.

Il feignit d'être blessé.

– Alors tu trouves que ça ne vaut rien, toutes les améliorations que j'ai apportées à la maison ?

– Sincèrement ? Les dix premières années, ça pouvait aller. Mais aujourd'hui ! Notre maison est devenue une véritable termitière ! Tu l'as agrandie dans tous les sens et sur tous les niveaux, il ne reste pas un seul mur intact !

– Sympa, je te remercie ! lui envoya-t-il sur un ton amer. Moi aussi j'ai apprécié nos premiers voyages. Mais ça fait un bail maintenant.

Ils terminèrent le repas, il débarrassa la table, elle remplit le lave-vaisselle.

Je te jure, je vais me construire une cabane au fond du jardin, pensa-t-il soudain. *Et j'y vivrai* all inclusive *avec moi-même. Ah, les économies que je ferai !*

Il y a d'autres moyens

La première fois, ce n'était pas totalement invraisemblable. Ça ne faisait qu'un an qu'ils étaient séparés et ils s'étaient retrouvés au lit deux ou trois fois. Théoriquement, l'enfant pouvait être de lui.

Eva n'avait pas non plus exigé qu'ils se remettent ensemble.

– Je sais que tu es avec Maria maintenant, disait-elle. Ça va durer, votre relation ?

– Elle va durer. Je l'aime.

– Tant mieux. Je suppose que tu vas quand même prendre tes responsabilités.

Ce qu'il en pensait était sans doute inscrit au milieu de sa figure, car elle répondit à sa place :

– « Non, je ne l'envisage pas une seule seconde. » C'est ça ? Évidemment, ce serait commode pour toi. Mais la décision m'appartient. Je vais accueillir cet enfant, avec joie et reconnaissance.

Eva avait grandi dans un milieu religieux, elle s'exprimait en conséquence.

Maria pâlit quand il lui annonça la nouvelle. Ça aurait fatalement des répercussions sur leur vie commune, sur leur budget, c'était inévitable. Cela dit, il ne l'avait pas trompée, c'était arrivé avant qu'ils se rencontrent.

Maria s'efforçait d'aimer le petit Andreas. Elle allait le promener dans la poussette, lui préparait à manger, lui chantait des chansons pendant les quelques semaines de l'année qu'il passait chez eux. Il voyait cependant les tressaillements qui parcouraient son visage quand elle serrait les dents pour jouer son rôle de maman de substitution.

Deux ans plus tard, Eva l'attendait à la sortie de son travail.

– Il faut qu'on parle.

Ils allèrent prendre un café. Il pensait que ça concernait Andreas.

Elle but deux tasses de déca. Puis elle sortit de sa poche un papier plié en deux, la copie d'une échographie d'un fœtus de trois mois.

– Pourquoi tu me montres ça ?

Il essaya de ne pas paraître irrité. Ils se voyaient si rarement.

– C'est ton enfant ! dit-elle.

– Arrête ! Tu sais très bien que c'est physiquement impossible.

– Tu n'as qu'à demander un test de paternité. Je veux que tu le fasses. C'est ton enfant.

Il se dit qu'elle avait perdu la tête et lui demanda si elle connaissait quelqu'un qui pourrait venir s'occuper d'elle et d'Andreas. Il devrait peut-être momentanément demander la garde de son fils. Par toutes sortes de ruses il tenta de lui faire dire avec qui elle avait une relation, qui pouvait être le père de ce nouveau bébé. Mais elle se contenta de lui adresser un sourire chagriné en secouant la tête.

– C'est ton enfant, répéta-t-elle. Pour moi, il n'y a jamais eu personne d'autre !

– Tu dis n'importe quoi. Tu sais que ça fait plusieurs années que nous n'avons pas couché ensemble, finit-il par dire, un peu las.

Elle le regarda longuement avant de lui adresser un petit sourire.

– Il y a d'autres moyens ! répliqua-t-elle, mystérieusement.

Il se leva si brusquement que sa chaise se renversa et il partit sans un regard en arrière. Elle traversait peut-être une sorte de crise religieuse ? Peut-être qu'elle nourrissait des fantasmes de conception virginale ?

Un an s'écoula. Il l'aperçut en ville, poussant un landau

et tenant Andreas par la main. Lâchement, il changea de trottoir. Andreas l'avait vu et l'appela.

Peu après, il reçut un courrier officiel l'exhortant à signer une reconnaissance de paternité pour l'enfant d'Eva. Il était question de son obligation de payer une pension alimentaire. Il n'y répondit pas.

Le courrier suivant était une convocation pour effectuer un test ADN. S'il ne se présentait pas, il y aurait des suites judiciaires.

Pour y mettre un terme, il se soumit au test.

La troisième lettre lui fit savoir qu'il était réellement le père du deuxième enfant d'Eva. Il se creusait la tête à en devenir fou pour comprendre comment elle avait fait pour manipuler les autorités de la sorte. Peut-être connaissait-elle quelqu'un aux services sociaux, ou avait-elle trouvé un moyen de mettre la main sur l'échantillon, ou sur le résultat du test ? Après tout, elle était infirmière à l'hôpital de la ville.

Il ne savait plus à quel saint se vouer. Comment fait-on appel d'un test ADN ?

Ça devint intenable. Eva avait commencé à passer devant leur pavillon en poussant le landau, dans un sens puis dans l'autre. C'était une petite fille. En essayant de paraître intraitable, il lui interdit de se montrer à proximité de son domicile.

– Tu ne peux pas me l'interdire, dit-elle.

Mais elle ne fit pas d'autres tentatives pour l'importuner, et elle n'avait pas d'exigences à son égard. Il continuait à accueillir Andreas chez lui un week-end par mois. Maria lui demanda plusieurs fois s'il savait qui était le père de la petite sœur d'Andreas. Il haussait les épaules.

Andreas avait cinq ans quand Eva vint de nouveau l'attendre à la sortie de son travail, tenant les deux enfants par la main. Il vit qu'elle était enceinte jusqu'aux yeux.

– Il faut qu'on parle !

Il les fixa. Horrifié, il constata que la petite fille avait la même couleur de cheveux cuivrée, les mêmes yeux dorés qu'Andreas, et que lui-même. Les mêmes taches de rousseur, les mêmes bouclettes.

Les cheveux d'Eva étaient raides et cendrés, son visage diaphane et blanc.

Il passa devant eux sans un mot et ouvrit à la volée la portière de sa voiture. Il entendit Andreas crier « Papa ! » derrière lui et vit les pleurs froisser son petit visage quand il démarra sur les chapeaux de roue.

L'histoire se répéta. Des lettres officielles, des sommations de se soumettre au test ADN. Le troisième enfant d'Eva était le sien, preuve à l'appui. Rongé par des ruminations, il restait des nuits entières sans trouver le sommeil, et fut finalement obligé de se mettre en arrêt maladie.

Il décida de demander une aide juridique et contacta un avocat. Le juriste était un vieux de la vieille, pourtant il n'avait jamais entendu parler d'un cas pareil, et de toute évidence il n'y croyait pas une seule seconde. Ne serait-ce pas plus simple de reconnaître la paternité ? Avec un test ADN positif, aucun tribunal au monde ne l'acquitterait de cette nouvelle paternité, autant s'y résigner d'emblée. En effet, il était impossible de prouver qu'il n'avait *pas* rencontré Eva pour lui faire des enfants au cours de ces années. Cela aurait changé la donne s'il pouvait démontrer qu'il s'était trouvé à l'étranger, par exemple, à l'époque de la fécondation, mais telle qu'étaient les choses...

Il ne sollicita pas d'autres avocats, les honoraires étaient trop élevés.

Il fut impossible de continuer à dissimuler la situation à Maria. Il comprit qu'elle avait entendu pas mal de rumeurs dont elle ne lui avait pas parlé. Ils vivaient dans une petite localité. Deux mois plus tard, elle le quitta, sans explications. Ce ne fut pas nécessaire.

Il chercha et obtint un emploi dans une autre ville. Le salaire était correct, mais les pensions alimentaires pour trois enfants l'obligeaient à vivre chichement. Une contestation de paternité n'avait aucune chance d'aboutir, il le comprenait.

Eva commença à lui envoyer des photos des trois enfants. Ils riaient, paraissaient heureux et en bonne santé, et ils semblaient étroitement soudés. Andreas et la fille étaient assis de part et d'autre du tout-petit et lui tenaient la main. Sur les photos, il y avait un chien aussi devant les enfants, un petit terrier aux poils touffus.

Il était très seul désormais. Quand il ne travaillait pas, il restait en général dans son petit studio et regardait la télé. Ses revenus ne lui permettaient pas d'aller au restaurant, et il n'avait pas d'amis dans la nouvelle ville. Il cessa d'accueillir Andreas en week-end et aux vacances, aucune loi ne l'y obligeait d'ailleurs. De plus, c'était au-dessus de ses moyens.

Pourtant, son fils lui manquait, il dut batailler avec ses émotions.

Les pensions alimentaires étaient prélevées directement sur son salaire. « Saisie sur salaire », disait son bulletin de paie. En réalité, elles n'étaient pas si élevées que ça, il avait du mal à comprendre comment Eva parvenait à faire vivre ses enfants, mais elle avait peut-être d'autres revenus.

Il faisait des extras comme distributeur de journaux à domicile, avant de partir à son travail principal. Parfois il donnait son sang pour profiter d'un en-cas gratuit. La voiture était vendue depuis belle lurette.

Les lettres avec des photos des enfants continuaient d'arriver. Il ne pouvait pas s'empêcher de les ouvrir, c'était plus fort que lui. En les regardant, il comprit qu'Eva avait pu s'acheter un petit pavillon mitoyen, peut-être grâce à un héritage de ses parents. Deux enfants s'ébattaient sur le gazon. À l'arrière-plan on voyait une balançoire et des tricycles. Eva plissait les yeux vers le photographe, un bébé tendrement serré dans ses bras. Son troisième enfant, aux taches de rousseur et aux yeux dorés.

Elle avait l'air d'être heureuse. La maternité lui allait bien. Son côté maigre et anguleux s'était arrondi, elle avait laissé pousser ses cheveux et souriait sur toutes les photos.

Les lettres ne contenaient jamais de message écrit.

De plus en plus souvent il songeait au suicide. La vie n'avait rien à lui offrir, lui semblait-il. Il ne trouverait jamais une autre femme, il n'essayait même pas.

Sur des forums en ligne, il parlait de sa situation dans des termes de plus en plus désespérés. Il ne recevait jamais de réponse et il put le comprendre. Qui pourrait croire une histoire pareille ?

Quand la lettre officielle suivante arriva, Andreas avait déjà neuf ans, Lisa devait en avoir sept et le plus jeune quatre. Pour sa part, il approchait de la quarantaine.

Il appela Eva pour lui dire qu'il voulait la rencontrer. Elle répondit qu'il était le bienvenu dans sa maison, elle ne souhaitait pas le voir ailleurs.

Il prit le train et le bus, trouva la rue où elle habitait et monta l'allée de gravier qui menait au pavillon. Des jouets étaient éparpillés partout dans le jardin, et les plates-bandes regorgeaient de jonquilles et de tulipes.

Il sonna et elle vint ouvrir, un sourire sur les lèvres. Dans ses bras, elle serrait un nourrisson. Les enfants, agglutinés autour d'elle, le fixaient de leurs grands yeux, Andreas en détournant légèrement la tête. Le plus petit, qui suçait son pouce, avait peur de lui. D'un geste maladroit, il lui caressa la tête et le bambin se mit à hurler.

Quelques mois plus tard, il avait emménagé chez eux, et avait trouvé un nouvel emploi dans sa ville d'origine. Le déménagement se fit aisément, il n'avait pas beaucoup d'affaires. Le contraste était grand entre son existence solitaire et silencieuse et la vie sonore et désordonnée d'une famille avec des enfants en bas âge. Mais globalement, cela se passa mieux qu'il l'aurait cru, et il était content d'être débarrassé de la solitude. Et lorsque Eva et lui eurent repris leur vie intime après toutes ces années d'abstinence, il se sentit presque heureux.

Ils ne parlaient jamais de ce qui s'était passé, comment elle avait réussi à faire de lui un père de quatre enfants. Ils arrivaient à peu près à boucler leur budget, à l'aide d'allocations familiales et de logement.

Ils n'eurent pas d'autres enfants. Les relations tendues avec Andreas finirent par se calmer, et les plus jeunes s'habituèrent à sa présence et l'appelèrent papa.

Il croisa Maria en ville. Plus belle que jamais, elle avait un homme à ses côtés. Elle ne lui rendit pas son bonjour.

Après presque trois ans de vie commune dans le pavillon mitoyen, ils se marièrent. Pendant leur nuit de noces, elle lui versa un verre de champagne et lui parla de la nuit, il y avait très longtemps, quand elle avait compris qu'il allait la quitter pour Maria. Elle avait mis des somnifères dans son thé, puis l'avait tout bonnement tourné sur le dos dans le lit et l'avait masturbé jusqu'à ce qu'il éjacule. Elle avait recueilli son sperme dans une éprouvette. Puis elle avait répété ce procédé plusieurs fois pendant les mois qui avaient précédé son départ. Et comme elle était infirmière, elle savait parfaitement comment congeler le sperme pour l'utiliser ultérieurement.

Une amie et collègue l'avait aidée pour l'insémination. Certaines tentatives avaient raté, naturellement, mais quatre enfants étaient nés.

Elle ne le regardait pas en racontant, et il sirota pensivement son champagne.

À sa grande surprise, il découvrait que son récit ne changeait pas grand-chose. Les questions qu'il avait tenté de repousser pendant si longtemps avaient trouvé leur réponse, et il se sentait plus serein ainsi. Pour le reste, il n'avait pas trop le temps d'y réfléchir.

Le jour de leurs noces d'argent, ils étaient comme n'importe quel couple lambda, ni plus heureux, ni plus malheureux.

Divorcer 1

– Je n'ai plus envie d'être ton foutu *copain*, déclara-t-il. Merde, j'ai plus de trente ans ! Je veux me marier, sinon j'ai l'impression d'être toujours un ado !

– Le mariage n'est qu'une histoire de gestion de patrimoines, répliqua-t-elle. Moi, je préfère vivre comme un animal, eux ne s'achètent pas de meubles de salle à manger, ils ne contractent pas d'emprunts immobiliers en commun seulement parce que l'envie leur prend de s'accoupler. Et ils s'accouplent avec qui ils veulent, quand ils veulent !

– Mais cette année tu ne t'es accouplée qu'avec moi, dit-il. De plein gré, si j'ai bien compris !

– Ça n'a rien à voir. Je peux changer d'avis. Et toi aussi ! Et on ne possède rien en commun !

– Si je me mets à genoux et te demande de partager mes dettes d'étudiant ?

– On aura divorcé dans l'année, rigola-t-elle. Mais pourquoi pas, mes dettes sont plus élevées que les tiennes. C'est pas un bon deal pour toi !

Le mariage fut une sorte de gros trompe-l'œil. La mairie. Aucun parent présent, seulement des amis joyeux, puis une fête comme tant d'autres. Pas d'alliance en or, juste une bague en toc garnie d'un énorme morceau de verre rose, achetée pour trois fois rien chez Åhléns. Une petite représentation qu'elle lui concédait ; ils jouaient à se marier.

Tu m'as fait ta déclaration d'amour
et m'as envahie après une brève offensive
mes frontières n'étaient pas surveillées
les sentinelles étant occupées ailleurs

et quelque part sous le nombril
la cinquième colonne ourdissait sa conspiration
Avec la légitimité du vainqueur tu as repris le commandement
pendant que, rusée comme le renard,
j'organisais la résistance clandestine

Aucun prisonnier n'a été fait dans le combat final

Voilà ce qu'elle écrivait, de nombreuses années plus tard, dans le carnet qu'elle appelait *Complaintes pour futurs et ex-divorcés*. Elle écrivait des poèmes de la même façon qu'elle prenait des antalgiques ; ils calmaient momentanément la migraine, mais elle n'eut jamais l'idée de les montrer à qui que ce soit.

Or ils étaient réellement mariés. Ils avaient même eu l'occasion d'en rire un matin après s'être rendu compte à quel point ils ressemblaient à leurs propres parents, chacun plongé dans son journal tout en marmonnant un semblant de conversation.

– Tu as payé l'assurance ?

– Mmmm. Tu penses à aller chercher la voiture au garage aujourd'hui ?

– Mmm. Janne et Elsa nous invitent ce soir, il y aura Anna et Stefan aussi.

– D'accord.

Les nuits s'écoulaient sans problèmes. Ils faisaient l'amour avec une satisfaction réciproque, dormaient entortillés dans un lit double finalement moins large que deux lits simples mis côte à côte et forcément moins pratique au regard des draps immenses peu maniables, mais il était agréable de se réveiller tout contre un corps chaud et familier.

Ils plaisantaient au sujet de ce lit matrimonial.

Le moment n'était-il pas venu d'y introduire un peu de changement, de vivre à nouveau comme des animaux ?

– Ce serait troublant pour les enfants de trouver une inconnue à la place de leur maman quand ils viennent se glisser dans notre lit, dit-elle.

– Et encore pire si c'est un mec. Les mâles mordent et tuent les petits de leurs anciens rivaux. Je l'ai vu sur Discovery.

Elle trouvait parfois leurs divergences pénibles, comme des chaussures qui vous écorchent la peau.

Elle le traînait à des manifestations, les inscrivait à un stage de tango et commença à chanter dans une chorale. Lui allait voir des matchs de hockey et assistait à des conférences sur les fonds de pension.

Elle voulait acheter un voyage dernière minute sans connaître le standing de l'hébergement. Lui réservait un séjour en pension complète en Thaïlande, dans un établissement protégé par des murs et doté de deux piscines. Sans lui demander son avis.

Elle craquait dans un vide-grenier pour une chaise à bascule au tissu imprimé d'énormes fleurs. Lui disait qu'elle puait, la reléguait au garage et achetait un canapé design danois.

Elle invitait à la maison des gens qu'elle avait rencontrés dans le bus. Lui en profitait pour décamper.

Elle détestait les fêtes que donnaient ses collègues à lui. Ils parlaient des femmes comme d'animaux domestiques distrayants, alors que la leur était sagement assise sur la chaise à côté.

Moi, je veux vivre comme si chaque poème était le dernier
tomber de bonne grâce sur le moindre petit os
chercher midi à quatorze heures et le trouver à quinze
Toi, tu crains le feu
tu veux étouffer le monstre au berceau
et avoir un moineau dans la main

Ce n'est pas à un vieux maître qu'on apprend à faire des grimaces !
Pendant que je sème le vent
tu remportes l'or en catégorie silence

Il ne lui demandait pas conseil quand ils devaient changer de voiture ou renégocier l'emprunt de la maison, ça ne lui venait pas à l'esprit. Il désapprouvait qu'elle ait été élue déléguée syndicale et qu'elle s'engage politiquement. Avait-elle vraiment le temps pour ça ? Elle écrivait un poème envenimé après une dispute : elle avait soutenu que les hommes considéraient le temps des femmes comme un bien public. Il l'avait traitée de bas-bleu en plein syndrome prémenstruel.

« *Entre donc, pas de problème !*
Tu peux déposer tes ailes sur l'étagère là-bas
incline la nuque – voilà, encore un peu
et mets-toi derrière moi les genoux légèrement fléchis
La muselière ne te fait pas mal ?
Bien. Alors je te souhaite la bienvenue
ma petite puce ! »

Ils se disputaient rarement au sujet des enfants. Tous deux étaient des parents bienveillants, ils aimaient raconter l'un à l'autre de petites anecdotes de ce que leurs enfants avaient dit et fait dans la journée.

Elle comprit avec une certaine nostalgie que c'était en fait la seule chose dont ils parlaient avec enthousiasme :

Ils sont le lest qui assure la stabilité du navire
à l'heure du loup nous reconnaissons en eux
le cadeau que nous nous sommes mutuellement offert
Le seul qui ne peut être repris

Ils travaillaient dur, n'avaient pas beaucoup de temps libre. À un moment donné, il eut la surprise d'être licencié par son employeur. Il commença à la traiter avec mépris, à lui reprocher d'en faire trop et de se la péter. Tout rentra dans l'ordre quand il retrouva un emploi.

Elle découvrit qu'il épargnait sur un compte uniquement à son nom ; elle était tombé sur un relevé bancaire, mais ne fit pas de commentaire. Il en avait peut-être besoin, elle gagnait plus d'argent que lui.

Ils mirent au rebut le vieux lit double et achetèrent deux lits simples qu'ils disposèrent perpendiculairement.

Les mauvaises herbes germent entre les dalles
Nous vivons de rouille et de ruines
un œil vissé sur nos agendas

écrivit-elle, prise d'un mauvais pressentiment.

Pour ses quarante ans à lui, elle suspendit des guirlandes multicolores, alluma des chandelles dans des candélabres et invita toutes leurs connaissances pour une partie de mezzé libanais. Il refusa de jouer aux charades, se soûla et prit le large avec une de ses collègues.

Elle ne broncha pas. Ce n'était qu'un coup d'un soir. Une banale crise de la quarantaine, ils furent d'accord là-dessus après coup quand ils en parlèrent. Mais la nuit, elle sentait son visage se fissurer.

Les plus difficiles à découvrir
sont les mensonges gris
les mensonges crépusculaires
les doux et tendres mensonges enjôleurs
Ceux qui creusent un trou, pondent leurs œufs et mangent
Jusqu'à ce qu'il ne reste que la coquille vide
de ta grande confiance sourde-aveugle

Elle le regardait à la table du petit-déjeuner, l'observait sans relâche. Il finissait toujours par s'énerver et lui demander à quoi elle jouait. Elle n'essayait même pas de lui faire comprendre.

Un alien s'est installé dans son corps
Il en a aspiré la substance
Laissant une coque vide qui erre, mystérieusement familière.
N'essayez pas de prétendre qu'il est celui
qu'il a toujours été !
Le deuil a sa place dans X-Files *:*
À quel moment suis-je donc devenue veuve ?

Il ne comprenait pas ce qui leur arrivait, pensait que c'était à cause de son infidélité passagère, elle le pensait aussi. Ils essayèrent de reprendre leur vie comme avant. Elle mit fin à son engagement syndical et abandonnait la chorale, ils repeignirent le vestibule et rénovèrent la salle de bains. Elle se coupa les cheveux et renouvela sa garde-robe.

Cette stratégie de bonheur à deux !
Quand avons-nous franchi la ligne
entre trop tôt et trop tard ?

Il lui fit la surprise d'un voyage aux Seychelles, lui demanda même ce qu'elle pensait de la destination. En rentrant, une certitude l'avait rattrapée :

Sans cesse occupée
à barricader les chemins de fuite,
à matelasser la cellule
et la rendre Ikea-douillette
je ne me suis pas rendu compte
que c'était moi qui me défilais

Elle tentait de se justifier auprès d'amis qui lui voulaient du bien et de parents et beaux-parents perplexes. Mais enfin, il ne boit pas, il n'est pas violent, et il adore les enfants !

Elle ne voyait aucun retour possible, et le regrettait vivement. Ils se tenaient là, maladroits, devant les enfants dont les visages étaient striés de larmes furieuses. Elle tentait réellement de leur expliquer.

Personne ne peut inverser le vent
ni raccrocher les feuilles aux arbres
et la branche cassée ne refleurit plus jamais

Pendant une brève période, ils suivirent une thérapie familiale, il avait insisté là-dessus, et une fois de plus elle essayait d'expliquer ce dont elle était atteinte.

La pourriture dans la poutraison
est silencieuse et invisible
mais la maison ne peut être sauvée
Elvis a de toute façon
déjà quitté le bâtiment

La thérapeute voyait ce qu'elle voulait dire. Lui ne comprenait toujours pas.

Je ne serai jamais très loin

– Enfin, dépêche-toi ! cria Caroline.

Elle s'efforça de respirer par petits halètements comme on le lui avait appris, nez-bouche-nez-bouche. La tempête de neige lui envoya des flocons mouillés sous le col, ses bottes se remplirent de neige quand elle enjamba le gros monceau blanc devant la maison.

– Mais putain, tu vois bien qu'il faut racler les vitres d'abord et déblayer derrière la voiture pour pouvoir reculer ! marmonna Tommy.

Elle parvint à ouvrir la portière et monta dans la voiture. Tommy finit par s'installer au volant et tourna la clé de contact. Le moteur toussa et s'éteignit.

– Ne me dis pas qu'il est froid, Tommy ! soupira Caroline. C'est vrai, on se gèle ici ! Je t'avais pourtant dit de brancher le chauffage d'appoint hier soir !

– Est-ce que tu sais combien ça coûte de le laisser tourner toute une nuit ? Et nuit après nuit ?

– Combien ça coûte ! Combien ça coûte ? souffla-t-elle. Tu es capable de calculer des choses pareilles alors que…

Une nouvelle contraction arriva et elle se plia en deux. Mon Dieu, oh mon Dieu, le moteur continua de toussoter, elle devrait peut-être retourner dans la maison ?

– Allez, démarre, saloperie de bagnole, démarre je te dis ! fulmina Tommy.

La voiture obéit, les pneus patinèrent un peu avant de trouver une adhérence sur la neige et ils purent enfin partir.

– Et voilà, ouf ! Comment ça se passe, Caroline ?

– Qu'est-ce que tu crois ? gémit-elle. Elles viennent toutes les quatre minutes ! On n'y arrivera jamais ! On ferait mieux de faire demi-tour, tu iras chercher Nilsson ! Lui en tout cas, il a aidé ses vaches à vêler !

– Écoute, je l'ai vu à l'œuvre ! Quand ça merde, il pose une chaîne autour des pattes du veau, il prend appui sur le cul de la vache avec son pied et sort le petit en tirant comme un malade. Je ne le laisserai pas s'approcher de notre bébé !

– Et si on tombe en panne ? C'est pas toi qui viendras à mon secours, tu n'as même pas voulu rester près de Månsan quand elle a eu ses chatons.

– L'hôpital est à quarante kilomètres, je les fais en vingt minutes. Laisse-toi aller et essaie de te détendre ! Reprends la respiration, tu sais… non, arrête de respirer plutôt, ça fait trop de buée, je ne vois plus la route !

Il se pencha en avant et se mit à griffer la buée gelée sur la vitre.

– Vingt minutes ! Il faudrait une moyenne de 120 kilomètres à l'heure alors qu'on est en pleine tempête de neige ! Tu n'arrives même pas à les tenir avec la motoneige sur les hauts plateaux, répliqua-t-elle en claquant les dents.

Quelque chose vint heurter le parebrise, la voiture fit une embardée et Caroline hurla.

– Qu'est-ce que tu fabriques ! ? On va finir dans le fossé, c'est ça que tu veux ?

– Le ventilo ne marche pas, il y a de la buée, j'y vois rien ! Mais c'était juste une branche, c'est bon, on est sur la route.

– Et alors on fait demi-tour ou tu préfères que j'arrête de respirer ?

– Putain, ce que tu peux être pénible, Caroline ! rugit Tommy du coin de la bouche en se grattant les cheveux. J'aimerais que tu baisses d'un ton, tu n'es quand même pas la première à accoucher sur cette terre. Ma grand-mère a eu sept enfants, tous à la maison. Et ils n'avaient pas l'eau chaude à l'époque. Ah ça y est, le ventilo se remet à marcher, j'y vois maintenant.

– Tiens donc ! Et papi avait construit la bicoque de ses propres mains, je suppose. Il faut juste se rappeler qu'il y avait un certain pourcentage de perte, des femmes mouraient en couches, des bébés aussi. C'était comme ça, il fallait faire avec.

– Mais arrête ! Je n'ai jamais dit que... Tiens, c'est bizarre.

Tommy fixa le rétroviseur.

– Qu'est-ce qu'il y a encore ?

– Il y a quelqu'un derrière nous. Qui se lance sur les routes à cette heure-ci par un temps pareil ? Il est quatre heures du matin.

– Sans doute une autre chochotte qui refuse de mettre bas dans sa chaumière.

– Ce serait qui, à ton avis ? Cette route ne dessert que notre village, il n'y a personne d'autre en ce moment qui... Peut-être quelqu'un qui est tombé malade.

N'ayant pas la force de répondre, elle se contenta de geindre.

Tommy lui jeta un regard oblique.

– Encore une ? Quel intervalle maintenant ?

– Ce bébé... va... naître... aux environs de Gäddträsk... la route est tellement défoncée par là... je peux respirer ?

– Il fait bon, hein, dans la voiture, maintenant ? Dehors il fait moins dix-sept, j'ai vérifié avant de partir... faudrait pas qu'on reste coincés quelque part dans une congère. Mais PUTAIN, qui c'est qui me lèche le cul comme ça ? On dirait une Toyota, une Prius j'ai l'impression. Qui au village a une Toyota Prius ?

Soudain une pensée sembla le frapper comme une massue entre les deux yeux.

– Oh merde, murmura-t-il.

– Qu'est-ce que tu marmonnes... commença Caroline.

Une nouvelle contraction vint tordre son visage, et quand

elle l'eut traversée en haletant comme un petit chien, elle blêmit de rage.

– Moins dix-sept, et tu n'as pas mis le chauffage d'appoint ? Tu savais pourtant que c'était imminent, tu sais quand même compter jusqu'à neuf ? C'est à peu près le nombre de doigts que tu as !

Tommy n'entendit pas, il surveillait toujours l'autre voiture dans le rétroviseur.

– Elle est futée, elle s'est mise à rouler dans nos traces, évidemment c'est plus facile ! Mais elle ne s'approche pas, tant mieux !

– Comment ça, elle ? Tu vois qui c'est ? La moitié du village a une Toyota !

– Non, non, je pensais juste... je veux dire, ça peut tout aussi bien être une femme, évidemment...

Il changea de ton, se fit guilleret :

– On avance bien, là, super dis donc ! On est déjà au grand pré, on a fait la moitié du chemin ! Ah non, pitié ! La neige a recouvert presque toute la route ! Il faut que je prenne de la vitesse pour passer à travers !

– Ne manquerait plus que ça ! Accoucher dans une congère ! Elle avait de la chance, grand-mère, elle a pu accoucher à l'intérieur, elle !

– Accroche-toi maintenant ! Voilààààà ! Non putain ! On est plantés ! Faut que je sorte déblayer un peu, ce n'est qu'un petit amas de rien du tout ! Serre les fesses, ma puce ! lança-t-il en sautant de la voiture.

Elle perdit son sang-froid, cria et sanglota :

– Non ! Non, Tommy, ne pars pas ! On fait demi-tour ! Si grand-mère savait le faire, moi aussi je... Tommy ! Comment ça, serre les fesses ? Non, mais je rêve ! Comme si c'était juste un petit problème d'incontinence !

Tommy remonta dans la voiture et balança la pelle sur la banquette arrière.

– Tout va bien, tu vois, papa Tommy, il assure… Mais je me fais du souci pour l'autre voiture, elle s'est arrêtée en même temps que nous, elle a pu se planter aussi. Je devrais peut-être aller lui donner un coup de main ?

– Bien sûr, bonne idée, Tommy, je resterai ici mettre au monde notre bébé en attendant. T'en fais surtout pas pour moi !

– MERDE, ce que tu peux être chiante ! J'espère que le môme n'aura pas ton humeur. Il me semble normal de vouloir aider une… ah, ça y est, elle s'est dégagée, elle est de retour derrière nous !

– Ou ta pingrerie, j'espère qu'elle ne sera pas pingre comme toi ! Tu n'as pas branché le chauffage uniquement pour faire des économies, alors que j'allais accoucher, je n'en reviens pas.

– Mais enfin, arrête de rabâcher ! Voilà, on est sur la nationale, c'est une promenade de santé maintenant jusqu'à la ligne d'arrivée. Je peux rouler plus vite aussi. Tiens, tiens, elle prend la même direction que nous !

Entre les vagues de douleur, elle se demandait pourquoi il lui rebattait les oreilles avec cette voiture derrière. Et pourquoi pensait-il que c'était une femme qui conduisait ?

– Appuie sur le champignon, Tommy, elles sont de plus en plus rapprochées, j'ai envie de pousser, gémit-elle. Je veux que le personnel nous accueille avec une ola quand on arrive. Non, tu PASSES au rouge, tant pis, on est en pleine nuit !

Après le feu rouge grillé, ses souvenirs devinrent flous.

⋆

La petite infirmière brune sourit à Tommy.

– Voilà, vous pouvez attendre ici pendant qu'on la prépare et qu'on la rase !

– Vous avez le temps de faire ça ?

Dans la voiture, il avait eu l'impression que le bébé était à moitié sorti.

– On a le temps, répondit-elle calmement. Elle en a encore pour une heure, au moins.

Elle quitta la pièce et il se mit à tambouriner avec les doigts sur l'appui de fenêtre. Il fixa l'obscurité dehors et passa la main sur sa barbe blonde naissante, puis finit par se décider et composa rapidement un numéro sur son portable. Après des sonneries qui semblaient interminables, on répondit à l'autre bout et il dit d'une voix basse, presque en chuchotant :

– Laura ? Tu es où, là ? Sur le parking ?

Un grognement d'irritation s'entendit dans le téléphone.

– Ah bon, à la maison ? Chez toi ? Alors ce n'était pas toi qui... Non, laisse tomber. Laisse tomber, je te dis. Non, je ne suis pas chez moi, je suis à la maternité avec Caroline. Mais enfin, tu le savais. Non, merde, tu comprends bien que je ne peux pas. Non, ça non plus. Bon, écoute, je ne peux pas en parler maintenant, tu comprends ? Ce n'est pas pour ça que je t'ai appelée !

Nouveau bruit d'énervement.

– Oui, je sais, mais il se trouve que j'ai cru que c'était toi qui... je veux dire, tu m'as pratiquement harcelé...

La porte s'ouvrit, une civière apparut et il se dépêcha de raccrocher. Le visage pâle et en sueur de Caroline se tourna vers lui. Il voulut lui parler, la réconforter, mais sa bouche était toute sèche, et aucun son n'en sortit.

⋆

Deux heures plus tard, c'était fini.

Dans les bras de Tommy, le paquet entouré de la couverture jaune d'hôpital émit de faibles sons.

– Elle est magnifique ! Tu sais, les filles de nos jours

jouent au hockey sur glace, elles aussi ! Petite choupinette, ton papa va venir t'admirer à la patinoire ! Il sera fier de toi !

Il rit tendrement.

– Et ces cheveux noirs, elle en a beaucoup ! Quoique... on est blonds tous les deux, c'est pas étrange, ça ?

– Pas du tout, répondit la sage-femme. Ils ont souvent une tignasse sombre comme ça, les nouveau-nés. Elle en sera débarrassée avant que vous ayez le temps de dire ouf, puis elle aura sa vraie couleur de cheveux. Ah, comme elle est mignonne ! D'ailleurs, elle a déjà eu son premier admirateur, je ne vous l'ai pas encore dit !

Caroline leva sur elle des yeux fatigués.

– Admirateur ? Comment ça ?

– L'infirmière m'a dit qu'un homme est venu demander de vos nouvelles il y a une heure à peu près. Il a dit qu'il était de la famille, mais je ne pense pas qu'il ait laissé son nom. Il a demandé s'il pouvait rester et voir le bébé dès qu'il serait né. Mais comme ça a tiré en longueur, je ne crois pas qu'il soit encore là.

– Un homme ? dit Tommy d'une voix sourde. Quel homme ? Il voulait voir qui ?

– Ben, il a demandé à voir votre femme. Il y a un problème ? Il avait l'air très correct, il n'avait pas bu ni rien.

– Tommy, tu as quelqu'un dans ta famille qui serait susceptible de venir à la maternité avant même que le bébé soit né ? Parce que moi, je n'en ai pas ! dit Caroline en le dévisageant.

– Il avait des cheveux de quelle couleur ? Il était brun ? demanda Tommy d'une voix rauque.

La porte s'ouvrit et une infirmière entra.

– Karin ! dit Caroline. Cet homme qui a demandé à me voir... il était comment ?

– Il était comment ? Hum. Je me souviens d'un truc. Il avait un œil bleu et l'autre marron !

Caroline ouvrit la bouche pour parler, mais se ravisa subitement, comme si elle venait de penser brusquement à quelque chose. Tommy la regarda. Il se tourna vers l'infirmière.

– Dites-moi… Les yeux de la choupinette, ils sont de quelle couleur ?… On peut pas les voir, là, ils sont fermés.

Caroline pâlit encore davantage.

– La couleur de ses yeux ? Qu'est-ce que… Pour ton propre bien, j'espère que tu plaisantes, Tommy ! Moi, ça me fait presque peur. Tu crois que c'est lui qui nous a suivis dans la voiture ?

– En tout cas, je lui ai dit de ne pas attendre, que vous n'auriez pas de temps à consacrer aux visiteurs cette nuit, les rassura l'infirmière. « Alors, je m'en vais. Mais je reviendrai ! Je ne serai jamais très loin ! », voilà ce qu'il m'a répondu.

Ergo sum

Ergo sum. J'existe.

Je mesure ma tension. J'AI une tension. *Ergo sum*. J'ai aussi les mains moites et des pellicules. Donc, on peut dire que j'existe.

J'ai un numéro de sécurité sociale, je suis recensé à l'adresse de mon domicile. Et cette adresse plus mon numéro de téléphone sont faciles à trouver sur Internet. *Ergo sum !*

Je suis abonné à *Terres de chasse, eaux de pêche*, je le reçois dans ma boîte aux lettres. Oui, j'ai une boîte aux lettres aussi. Et un profil sur un site de rencontres. Sans photo, juste une silhouette grise insérée dans un carré. C'est probablement tout moi.

Et je suis sur Facebook. J'y ai chargé un portrait, le genre de selfie que prennent les gens comme moi : un peu déformé, comme s'il était un reflet au dos d'une cuillère. Les photos deviennent comme ça quand on les prend soi-même, en tenant l'appareil à bout de bras.

Il m'arrive de me soûler et d'avoir envie de baiser, certaines cellules se gonflent, d'autres, cérébrales celles-là, meurent, ça donne mal aux cheveux. Alors oui, j'existe. Mais parfois j'ai des doutes.

⋆

Comme souvent les enfants uniques, j'avais un copain imaginaire, ou un grand frère plutôt. Il s'appelait Lankelot. Avant de m'endormir le soir, j'inventais de petits scénarios dans lesquels je le laissais régler leur compte à ceux qui m'avaient embêté. À Johnny, qui avait balancé mon cartable dans la fontaine à eau et ouvert le robinet, pendant que les autres rigolaient en le regardant faire : Lankelot le soulevait et allait le fourrer dans le regard du tout-à-l'égout devant le gymnase. À Gittan, qui disait qu'elle préférerait embrasser une grenouille plutôt que m'embrasser, moi : Lankelot la suspendait au portique et l'y attachait avec sa corde à sauter. Et quand mon paternel s'en prenait à ma mère et faisait jouer ses poings, Lankelot l'enfermait dans le garage, pendant que je restais sous la couette, les yeux serrés et les doigts enfoncés dans les oreilles.

Et je n'en suis pas resté là. Au collège, je m'étais inventé une copine qui une fois m'a envoyé une carte de Saint-Valentin, pour de faux. Je l'avais évidemment achetée moi-même, écrit mon nom avec une écriture méticuleuse de fille puis je me l'étais postée, avec timbre et tout. Non pas pour impressionner qui que ce soit, je ne la montrais à personne. Je voulais juste la garder, l'avoir dans ma poche et de temps en temps la caresser doucement avec l'index tout en soupirant le prénom d'une fille que j'aimais particulièrement à ce moment-là. Je n'en ai pas honte. Il semblait toujours que les filles de ma classe auraient préféré embrasser un batracien plutôt que moi. Une fois je les ai entendues discuter des mecs qui les branchaient. L'une d'elles a dit mon prénom, elles ont toutes éclaté de rire. Alors que je me tenais juste à côté d'elles. Transparent, comme un trou dans l'air.

*

Quand j'ai eu vingt ans et des poussières, au retour du service militaire, j'ai fait un effort. Je me suis mis à soulever de la fonte, je suis allé chez le coiffeur et j'ai essayé de me montrer culotté avec les filles. J'allais dans des boîtes de nuit, j'empruntais la caisse de mon vieux et proposais aux filles de les ramener chez elles, ce genre de trucs. Et elles me laissaient sans problème les raccompagner. Elles me laissaient aussi garder leur sac à main quand elles dansaient, parfois elles m'autorisaient même à les faire tourner sur la piste tandis que leurs yeux erraient partout à la recherche d'un mec qui pourrait réellement les intéresser. J'étais un peu comme une sorte de véhicule de reconnaissance.

Johnny habitait toujours en ville, je l'ai croisé une fois à la soirée dansante hebdomadaire de l'hôtel Statt. On s'était retrouvés à la même table. Johnny racontait l'histoire d'un mec qui n'avait pas de copine, je m'en souviens comme si c'était hier : « ... Et les autres lui ont dit : "Alors comme ça, t'es jamais sorti avec une fille ?" Et le mec a répondu : "Nan, mais une fois j'ai failli ! J'étais à côté d'un gars qui s'est fait inviter à danser par une nana pendant le quart d'heure américain !" »

Tous autour de la table riaient jusqu'aux larmes et ils me regardaient furtivement avant de détourner les yeux.

C'est à peu près à cette époque que j'ai acheté le bateau. Il occupait presque tout mon temps et les sorties dansantes du vendredi et les tournées des boîtes de nuit se sont faites de plus en plus rares. J'avais une copine imaginaire à bord du bateau aussi, elle s'appelait Katinka et préparait des paniers de pique-nique merveilleux garnis de sandwichs et de bières. En mer, personne ne nous entendait parler, du coup, on n'arrêtait pas de tchatcher. J'ai baptisé le bateau *Katinka*, on allumait en général une lanterne dans le carré quand on faisait l'amour. Parfois on mettait de la musique.

*

Il y a une nana qui habite une ferme pas très loin de chez moi, Caroline elle s'appelle, et avec son compagnon Tommy, ils sont tout le temps en train de rénover leur maison. Des fois, je leur fais des livraisons de bois de construction, elle m'a invité à boire un café plusieurs fois. On ne se dit pas grand-chose, mais elle, elle est assez bavarde. Toujours sympa, elle me fixe droit en face et me pose des questions. Et elle se souvient de mon prénom.

Un jour on a parlé un peu plus sérieusement et je crois que j'ai rigolé et dit que de toute façon, je suis tellement laid ! Alors elle m'a regardé attentivement avant de dire qu'elle trouvait ça cool, d'avoir un œil bleu et l'autre marron.

Caroline se soucie de l'environnement et des trucs comme ça, une fois elle a dit qu'elle aurait aimé avoir les moyens de se payer une voiture écologique. Peu après, j'ai acheté ma Toyota Prius, je me l'imagine sur le siège passager, elle sourit un peu de biais comme elle le fait souvent. Puis elle fume une cigarette et je la laisse faire bien que je ne sois pas fumeur moi-même.

Son mec a une aventure avec Laura qui travaille à la quincaillerie. Elle habite l'appartement au-dessus. J'ai vu la voiture de Tommy garée en bas de chez elle plusieurs fois, à côté de la sienne. Elle a une Prius comme moi. Je ne crois pas que Caroline soit au courant. C'est assez récent, leur histoire. Cela dit, je les ai déjà vus à la fête du village l'année dernière. Ils sont sortis des mêmes toilettes, mais pas en même temps. Lui est sorti en premier, puis elle un instant après.

Caroline est enceinte. Elle me l'a dit il y a quelques mois quand je livrais du bois pour des cloisons, ils aménageaient une chambre sous les combles. Pour l'enfant. Ça ne se voyait pas encore, qu'elle était enceinte, mais maintenant elle est grosse et lourde, moi je la trouve plus jolie que jamais. Son enfoiré de mec est tout le temps fourré chez Laura désormais. Quoique, apparemment ça ne marche pas toujours comme sur des roulettes, l'autre jour quand je faisais le plein devant la quincaillerie, Tommy est sorti en trombe, il était manifestement en pétard, il s'est précipité dans sa voiture et Laura lui courait derrière et lui criait quelque chose, elle avait l'air triste.

Quand j'ai fini de travailler pour la journée, surtout les jours où je suis allé livrer chez Tommy et Caroline, je passe un moment avant de dormir à m'abandonner aux fantasmes : Si c'était moi qui rentrais le soir auprès de Caroline. Je lancerais « Je suis rentré, chérie », puis j'irais me changer au sous-sol, j'enlèverais ma combinaison et prendrais une douche. Quand je surgirais dans la cuisine, le repas serait prêt et on bavarderait et on regarderait des catalogues de fournitures pour bébé, des poussettes et ce genre de trucs. Et je bricolerais un peu dans la chambre d'enfant, j'installerais une balançoire dans l'embrasure de la porte, j'en ai vu chez Ikea. J'ai repéré aussi un papier peint avec de petits éléphants bleus qui irait bien. Et ensuite quand on regarderait la télé, Caroline aurait des crampes aux mollets, elle m'a dit que ça lui arrive des fois, et elle poserait ses jambes sur mes genoux et je les masserais. Puis la nuit, on ferait l'amour un peu, mais je ferais super attention. C'est pour bientôt maintenant. Je m'inquiète du temps, il fait tellement froid, c'est la dernière chose que je fais avant de me coucher : je vérifie la météo.

Je nous ai créé une page Facebook, avec des photos que j'ai piochées sur le Net. Une famille qui pique-nique au bord d'un lac. J'ouvrirai un blog perso pour le petit plus tard. Si c'est une fille, elle pourrait s'appeler Mette. Ça sonne bien comme prénom.

Je vais toujours prendre soin de Caroline et de la petite.

Je vous jure, l'autre enfoiré, il ne les mérite pas.

Les œufs de Pâques

– C'est bien d'avoir des parents divorcés, comme ça on reçoit des œufs de Pâques deux fois ! se vanta Moa. Hier maman m'en a donné un super joli, avec des fleurs, on aurait dit qu'elles étaient en argent, et ensuite, quand papa et Lina iront au ski, ils m'en donneront un aussi, ils l'ont dit !

Agnes la regarda, impressionnée.

– Deux œufs de Pâques ! dit-elle dans un souffle. Ils sont grands ?

– Immenses. Comme des ballons de foot presque ! rit Moa.

– Moi, quand je veux quelque chose, un nouveau vélo ou je sais pas quoi, papa et maman discutent entre eux, puis ils me disent que c'est pas possible parce qu'ils ont pas les moyens.

– Maman et Stefan m'ont acheté un nouveau vélo, annonça Moa avec fierté. Enfin, je crois que c'est surtout Stefan qui l'a acheté. Il est super sympa. Ça ne fait pas très longtemps qu'ils sont ensemble, maman et lui.

– Mes parents sont ensemble depuis hyper longtemps, dit Agnes sombrement. Depuis qu'ils sont nés, presque.

– Ah bon. Alors, tu n'auras qu'un œuf de Pâques, c'est sûr. Mais ils vont peut-être divorcer, eux aussi ? Dans ma classe, presque tout le monde a un faux papa, tu vois ! la consola Moa.

– Nan, j'y crois pas trop.

– Et puis pour les grandes vacances, on peut aller à plein d'endroits différents, continua de fanfaronner Moa. Cette année, je vais d'abord aller avec maman et Stefan dans notre ancienne maison de campagne, et ensuite j'irai avec papa et

Lina chez ses parents à elle sur Gotland, et je vais pouvoir monter *à cheval* !

C'en fut trop pour Agnes.

– Mais tu trouves pas ça étrange, que tes parents ne vivent pas ensemble ? Qu'ils soient *divorcés* ?

Ce n'était pas des choses à dire, elle le savait. Sa mère lui avait seriné sur tous les tons qu'il ne fallait pas se moquer de Moa à cause de ses parents, ce n'était pas sa faute, elle était plutôt à plaindre.

– Comment ça, étrange ? s'étonna Moa. Ils ont toujours été divorcés ! Depuis que je suis toute petite !

Agnes la regarda en dessous. Pourquoi faudrait-il plaindre Moa ?

– Mais c'est quand même étrange que ton papa et ta maman habitent à des endroits différents, tu ne trouves pas ?

– Pffft, ils ne peuvent pas habiter au même endroit ! Il n'y aurait pas assez de place ! Puisqu'il y a Lina et Stefan aussi, et Lina, elle a George, il a quinze ans, il a sa propre chambre chez eux et puis maman et Stefan, ils vont avoir…

Elle se tut subitement et plaqua sa main sur sa bouche. Agnes dressa l'oreille.

– Avoir quoi ? Qu'est-ce qu'ils vont avoir ?

– Je n'ai pas le droit de le dire, murmura Moa.

– Mais si, dis-le ! À moi, tu peux !

– D'accord, dit Moa, les yeux brillants. Ils vont avoir… un BÉBÉ, souffla-t-elle.

Un bébé ! Ce n'était pas juste !

Pourquoi Moa avait droit à tout ! Les parents d'Agnes n'avaient pas prévu d'avoir d'autres enfants, Agnes les avait harcelés plein de fois, mais ils disaient juste qu'ils étaient assez nombreux comme ça, avec Agnes et son frère.

« Un lapin alors ? » avait-elle tenté. Non, elle n'aurait même pas un lapin. Mais Moa, elle, elle allait tout avoir.

– Tu comprends qu'on ne pourrait pas habiter tous ensemble, il nous faudrait une maison gigantesque ! rit Moa.

Ce rire ! Agnes perdit son calme.

– Toi, tu n'as pas de chance parce que tu es obligée de changer de maison toutes les deux semaines, tu ne sais pas où tu habites et où sont tes affaires et ça, ça ne peut pas être facile ! cracha-t-elle.

C'est ce qu'avait dit sa mère.

– Qu'est-ce que tu veux dire ? Je devrais habiter chez maman tout le temps et jamais voir papa ? Ou seulement habiter chez lui ?

– Non, mais s'ils habitaient ensemble tu ne serais pas obligée de…

– Enfin, je t'ai déjà dit qu'ils ne peuvent PAS habiter ensemble, il y aurait pas assez de place, expliqua Moa encore une fois, patiemment.

Agnes réfléchit.

– Et s'ils étaient seulement mariés l'un avec l'autre ! Si Lina et Stefan et George ne devaient pas habiter avec eux…

– Tu es vraiment bizarre. Et si je te disais que ton frangin ne devait plus habiter avec vous ? Tu aurais ta propre chambre !

– Mais… commença Agnes, puis elle s'interrompit aussitôt, ouvrait et fermait la bouche comme un poisson, sans qu'aucun son franchisse ses lèvres.

Son frère et elle étaient obligés de partager la même chambre parce que papa devait absolument avoir un bureau et ça, c'était injuste… et il était pourtant son vrai frère, et franchement, il n'y avait pas de justice.

– Ne sois pas triste, dit Moa. Je partagerai mes œufs avec toi. Puis tu verras, ils vont peut-être finir par divorcer, tes parents aussi !

Une carte de Noël ou deux

Je n'ai compris l'ampleur de la catastrophe qu'au bout d'un certain temps. Avec lui, j'ai aussi perdu Sara, la gentille Sara si marrante, qui avait toujours le chic pour me remonter le moral dans les moments de déprime. Sara avec qui j'étais allée à Londres au printemps dernier, qui m'avait photographiée avec Lady Gaga au Madame Tussauds et qui avait fait de son mieux pour dépasser mes hurlements d'épouvante au London Dungeon.

Nils, le compagnon de Sara, qui nous mettait toujours sur la liste des invités quand il venait jouer dans notre ville, je ne le verrai plus. Une fois il s'était arrangé pour qu'on puisse aller backstage et rencontrer tout le groupe.

Le joyeux Peter, disparu lui aussi. Peter qui zézayait des mauvaises blagues quand il avait bu un coup de trop, mais qui était toujours là pour les pannes de voiture ou les fuites d'eau. Peter, si sympa, si bricoleur, et Bella, sa petite femme boulotte. Disparus tous les deux du jour au lendemain. Gringo aussi va me manquer, leur grand chien touffu qui venait toujours se coucher à mes pieds et qui m'aimait autant qu'il aimait ses maîtres.

Anton, qui m'empruntait de l'argent quand il avait dépensé toutes ses allocs, qui m'aidait avec l'ordinateur et me téléchargeait de la musique et des films. Évanoui aussi. Il était question qu'on aille le voir à Lund cet été, on aurait peut-être fait une virée à Copenhague pour fêter mon anniversaire. Nils y donnait un concert, on devait y aller tous ensemble. Anton était le seul qui me comprenait quand je sortais des citations absurdes tirées de vieux films, qui me soutenait quand on parlait politique.

Plus jamais je ne passerai la nuit chez Ulla quand je vais à

Stockholm. Ulla, cinquante-sept ans et d'une sagesse à toute épreuve, qui a assez d'énergie pour vous écouter parler de vos problèmes la moitié de la nuit et vous emmener quand même déjeuner le lendemain au Rosendals Trädgård. Qui m'a offert pour Noël une magnifique théière en céramique avec cinq variétés de thé. Ulla que je connais depuis tant d'années, avec qui j'ai partagé tant de secrets. On ne restera plus à rigoler jusqu'au bout de *L'Hôtel en folie,* bien après que les autres sont allés se coucher.

Fini les repas de famille chez elle, fini les anniversaires avec petit-déjeuner et cadeaux au lit, le tout orchestré par Anton, fini les réveillons de Noël au coin du feu dans la villa de Peter et Bella. Fini les fêtes à l'écrevisse chez Sara et Nils et leurs enfants à Björknäset, fini les fêtes de la Saint-Jean dans la maison d'été sur l'île avec tous les mômes dansant des rondes endiablées autour du mât fleuri et Gringo dans nos pattes, aboyant comme un fou.

Mais avant tout, c'est Mimmi qui me manquera, la petite Mimmi qui me faisait des bisous sonores et m'enlaçait avec fougue chaque fois qu'elle venait chez nous. Mimmi qui a été mon enfant aussi pendant cinq ans, que j'ai veillée des nuits entières quand elle avait une otite, à qui j'ai appris à lire et qui me représentait toujours comme un grand personnage allumette hirsute sur tous ses dessins. Mimmi que discrètement je dispensais de poisson, qui me confiait ses secrets de la maternelle, qui exigeait que ce soit moi qui lui donne le bain et pas son papa si impatient aux gestes brusques. De quel droit va-t-on m'enlever Mimmi ?

Ils ont disparu maintenant, Mimmi, Sara et Nils, Peter et Bella, Anton, Ulla et les mômes et Gringo. Disparu comme s'ils étaient tous morts dans un terrible accident, pendant une sorte de grand voyage en famille. Disparu de ma vie, mais toujours présents dans les leurs. L'un ou l'autre va peut-être m'envoyer une carte de Noël pendant quelques années. Je vais éventuellement croiser l'un d'entre eux en ville et on ira boire un café ensemble. Mais rien n'est moins sûr.

Et cela, uniquement parce que Jonas a rencontré cette Katrin.

C'est allé si vite, on n'a pas d'enfant ensemble si bien que le divorce a pu être réglé sans le moindre délai de réflexion. On s'est simplement présentés au tribunal administratif, on a déposé quelques documents et hop, on était divorcés. Katrin l'avait exigé, sinon elle ne quittait pas son mari.

J'ai pu garder l'appartement, mais j'ai dû faire un emprunt pour racheter la part de Jonas, évidemment. Je suppose que Peter va les aider à restaurer la vieille maison qu'ils ont achetée. Et qu'Anton va configurer leurs ordinateurs...

Je n'ai bien entendu aucun droit de visite concernant Mimmi, elle est la fille de Jonas et il tient à ce qu'elle s'attache à Katrin désormais. Seulement à Katrin.

Je n'aurais probablement pas non plus le droit de voir Gringo, pour les mêmes raisons.

Et la mère de Jonas, ses frères et sœurs, leur maison d'été, ils lui appartiennent.

Ce sera Katrin qui tiendra la main de Mimmi pour danser autour du mât de la Saint-Jean cet été. Katrin qui engloutira des écrevisses à Björknäset et qu'Ulla invitera à déjeuner au Rosendals Trädgård.

Mais, bon, Sara ne partira probablement pas en vacances avec Katrin avant un moment. Elle m'a appelée une ou deux fois pour prendre de mes nouvelles. Elle sait que je n'ai pas de famille, et quand je lui ai répondu que j'allais super bien, que j'allais m'inscrire à une chorale et à un club de bridge, elle s'est mise à m'encourager avec tant de fougue que j'aurais pu l'assommer. Je voudrais tant qu'elle me dise que je leur manque, à tous, et que Katrin est une personne affreuse. Elle ne le dit jamais et si j'évoque Jonas, elle change de sujet.

Ils sont mes membres fantômes. L'autre jour, je me suis mise à pleurer devant une vitrine où j'ai vu une adorable petite robe pour une fille de sept ans. Quand mon ordinateur a planté, j'avais déjà composé le numéro d'Anton lorsque je me suis souvenue. J'ai tout de suite raccroché. Et pour mon anniversaire, ça ne sera pas Copenhague.

Jonas, en revanche, ne me manque pas tant que ça, ai-je pu constater.

Divorcer 2

Toi tu as pris les couteaux et moi les fourchettes
Nous avons mis en pièces la vaisselle
et je me demande toujours
comment utiliser au mieux les débris
IN : COMPLAINTES POUR FUTURS ET EX-DIVORCÉS

Certains jours elle se réveillait en sursaut, perturbée par l'absence de bruit. Personne ne l'appelait, personne ne la sollicitait. Trempée de sueur, elle se redressait dans le lit et cherchait fébrilement ce qui clochait, où elle se trouvait. La table de nuit était du mauvais côté, lui semblait-il, jusqu'à ce que ça lui revienne. Elle était seule dans son propre appartement, les enfants étaient chez leur père, c'était sa semaine.

Je me suis évadée d'un cirque !
Pendant trop longtemps je l'ai laissé me scier en deux
Me lancer des couteaux
Et en plus me réclamer un ticket d'entrée
Mais j'aimais tant les petits chevaux
et il fallait bien que quelqu'un console le clown la nuit
Si bien que j'exécutais sans faillir
mon numéro de femme sans torse
soirée après soirée

Elle se sentait pleine de vigueur et prête pour sa nouvelle vie.

Ça, c'étaient les bons jours. Puis il y avait les autres. Les jours où elle laissait aussi bien la radio que la télé allumées juste pour entendre des voix résonner dans les pièces. Les jours où elle téléphonait frénétiquement à des amis et les dérangeait en pleine préparation du dîner, leur voix légèrement forcée le lui faisait comprendre, mais elle n'en tenait pas compte.

Les jours où elle appelait son téléphone fixe avec son portable pour écouter les sonneries retentir dans l'appartement à moitié vide. Pendant quelques secondes, elle parvenait à se faire croire que quelqu'un essayait de la joindre.

Qui autorise la solitude à m'importuner
À me pomper l'air et à me faire perdre mon temps
Comme si elle était chez elle ?
Ma putain de solitude mal dégrossie
recouvre le papier peint d'une pellicule grise
et sature le silence crépitant de pensées morbides
Je l'enfume avec des voix,
mais quand le bruit de ses pas s'est éteint dans l'escalier
je la retrouve quand même en larmes sur le paillasson
comme un objet oublié que personne ne réclame

Évaporé, tout ce qu'elle s'était dit qu'elle ferait le jour où elle aurait du temps pour elle. Sa seule initiative durant les premières semaines fut de changer constamment le message guilleret de son répondeur.

« Bonjour, c'est Karin ! Je vis maintenant dans mon propre appartement ; si c'est Lars que vous cherchez à joindre, il faut composer le 489 555. »

« Ici le répondeur de Karin, rien qu'à elle ! Laissez-moi un message si c'est à moi que vous voulez parler ! »

Et le pire : « Château Karin sans Lars ! La maîtresse des lieux n'est pas là, elle est sortie faire la bringue... »

Elle rougit jusqu'à la racine des cheveux et espéra que personne n'avait eu le temps de l'entendre.

Sans entrain elle retapissa les nouvelles pièces et acheta

une grande table autour de laquelle elle pensait réunir tous ses amis. Qu'elle n'eut pas le courage d'inviter, parce que les fissures sur la façade n'étaient pas encore cicatrisées.

Les bons jours elle sentait que la gastrite était presque finie. Elle se réjouit de faire elle-même sa déclaration de revenus et elle apprit comment changer une roue crevée. Au boulot ils disaient qu'elle semblait une autre personne, joyeuse, efficace. Mais les soirées étaient plus longues qu'auparavant.

Parfois elle sortait faire une promenade après le travail, pour ne pas rester enfermée à se morfondre. Elle regardait par les fenêtres des gens, jetait un coup d'œil à leurs jardins. Mais elle était rarement de meilleure humeur en rentrant.

Les vérandas sont éclairées
D'une lumière chaleureuse
Ça gigote et ça papote
autour d'une table dressée
Tant de regards tissés les uns dans les autres
Comme du macramé
Et tant de dos tournés vers l'extérieur
Vers la nuit où j'erre sans but

Une semaine sur deux, les enfants étaient avec elle, c'est vrai, et alors tout était comme avant, elle était le moyeu d'une roue et Lars ne lui manquait pas, il aurait tout aussi bien pu être parti pour un de ses voyages d'affaires. Leur fils aîné avait saisi l'occasion de quitter le nid, il travaillait à Londres et était beaucoup trop occupé pour lui passer un coup de fil. Elle eut un pincement au cœur en apprenant qu'il avait pris le temps de téléphoner à son père.

La vie à deux provoque de sévères accoutumances,

songea-t-elle. On avait l'habitude de faire les courses ensemble le samedi. Maintenant je suis

Unijambiste et borgne
Unique célibataire dans une arche
À mes côtés, bruissement sourd de silence
Et sur la poignée du caddie, mes mains esseulées

Il faut serrer les dents et commencer à construire, il n'y a que ça, se dit-elle. Elle invitait des gens, toujours par nombres impairs pour éviter ces foutus dîners entre couples ! Elle partait en voyage avec les enfants et des amis, elle savourait le plaisir d'être maître à la fois de la carte géographique et de la carte bancaire.

Son cercle d'amis se scinda en deux catégories – le groupe qui écoutait patiemment et celui qui écoutait avidement. Parmi les voraces, une femme était particulièrement gourmande, celle qui se frottait affectueusement contre son mari en murmurant, un sourire aux coins des lèvres : « Ben oui, c'est important de maintenir les liens sociaux… »

Elle avait du mal à gérer les inexplicables sentiments de honte. Divorcée. Sans partenaire. Seule. Allez, soyez sympas ! pensa-t-elle. C'est comme ça, c'est à prendre ou à laisser !

Aujourd'hui je vais aller promener
les squelettes de mon placard !
Nous allons gaiement saluer les passants
Arrêter les gens et nous présenter
En déclinant l'identité de chacun
J'espère que ça leur clouera le bec, à ces tas d'os !

Elle se jetait corps et âme dans de nouveaux projets. Elle arrêtait de fumer, achetait une étagère d'archivage avec des cartons multicolores et prenait des cours de peinture sur soie.

Je veille à bichonner ma petite vie
Je trie les sentiments selon la taille et la couleur
Range les souvenirs dans des bocaux étanches
Aère les névroses au printemps et à l'automne
Et agrémente les liens d'amitié de jolies frisettes

Il y avait des rechutes dans l'amertume. Comment pouvait-il refuser de rembourser l'argent que ses parents à elle leur avaient prêté ? Et lui envoyer dans les bras un carton de vaisselle ancienne dont elle avait hérité, si mal emballée que tout était en miettes ? Déposer les enfants chez elle juste le week-end où elle avait prévu de partir en voyage ? L'avocat lui avait conseillé de farfouiller dans ses papiers pour dénicher des relevés bancaires d'un compte qu'il aurait gardé pour lui – on ne pouvait pas obliger la banque à divulguer ces données –, mais elle s'estimait au-dessus de ce genre d'agissements.

Une méfiance médiocre et maladive
tapisse les vieilles blessures d'un tissu cicatriciel
Le deuil encapsulé vivote tel un virus dans les cellules
attendant une faille dans le système immunitaire
Les inflammations aiguës sont cependant sous contrôle

Un matin elle se réveilla et sut que le pire était passé. De nouvelles habitudes s'étaient installées, une nouvelle vie sociale avec de nouveaux amis et certains des anciens. Elle avait fini de ruminer son ressentiment. Sauf que, lorsqu'elle pouvait enfin donner aux enfants son entière attention, les plus jeunes étaient devenus adolescents et n'en avaient pas toujours besoin. Comme ils le lui faisaient poliment remarquer.

Elle était même capable de passer devant leur ancienne maison. Les nouveaux propriétaires avaient fait construire une vilaine véranda et avaient abattu le pommier, mais cela ne la concernait plus.

Et lui, passait-il par là quelquefois ? Qu'en pensait-il alors ? Son visage avait été aussi lisse que de l'émail une fois la décision prise.

Avançant en ligne droite
tu t'es penché en avant
pour attraper l'horizon d'une main ferme
Avec détermination tu as tapé des pieds
pour te débarrasser des souvenirs
tandis que les aiguilles de ta montre
tournaient comme les pales d'un rotor
Le chagrin ? Connais pas !
Mais ta nuque était suffisamment éloquente.

Ses amis l'invitaient avec des hommes célibataires, perles rares dénichées non sans peine. Elle tâchait de faire le tri parmi des divorcés aigris et des spécimens qui n'avaient pas encore réussi à quitter le giron de leur mère ou de leur ex-femme.

L'heure est venue de rénover l'ego malmené
De mettre à la casse les rêves rétrogradés
et les passions qui ont dépassé la date de péremption
De commander quelques échantillons de nouveaux frissons
peut-être carrément d'oser sortir
l'ancienne douleur du placard
pour voir si elle doit être mise au rebut
ou conservée pour de menus services

Elle s'aventurait dans des relations éphémères, ce qui

lui permettait de découvrir une chose : les hommes étaient nouveaux, mais elle-même n'avait pas changé d'un iota et les schémas avaient tendance à se répéter.

Il courait après un miroir
Au pouvoir fortement grossissant
Je me suis entraîné à l'imitation
et à l'extension dans tous les azimuts
Jusqu'à finir par sortir du cadre
Depuis, je suis une image sans maître
À la recherche de quelqu'un à refléter

Ils étaient restés mariés longtemps. Quand elle posait un regard sur ces années-là, elle avait l'impression de les voir à travers un filtre déformant.

Je veux un homme avec qui partager mes souvenirs, songea-t-elle, un homme qui a connu mes parents, qui a fêté mes trente ans, qui a assisté à mes accouchements. Aucun homme nouveau ne peut me donner ça. C'est un peu comme quand j'étais petite et découvrais que je ne pouvais pas me marier avec mon père.

Dehors dans le noir, dans la périphérie de la conscience
il est encore présent
Parfois lorsque je marche dans les rues éclairées
je vois son ombre glisser sur un mur
et tourner au coin d'un immeuble
tandis que l'écho de sa voix
virevolte comme des papiers gras au vent

Un jour elle se rendit compte qu'elle n'avait pas pensé à lui depuis près d'une semaine. C'était inhabituel et rafraîchissant, elle fêtait l'événement en collant des photos dans des albums, même celles qui la faisaient terriblement souffrir.

Il faut quand même faire de son mieux
Répondre aux mails et terminer ses lectures
Nettoyer ses vitres et essuyer ses lunettes
Payer les factures et pardonner les fautes
Changer de chemise et d'opinion
Accepter les faits et descendre les poubelles

Au bout de trois ans environ, c'était fini et elle se demandait comment c'était possible d'avoir eu aussi mal. C'était elle qui avait choisi de poursuivre son chemin sans lui, de vivre sans lui. Est-ce que ça aurait été plus facile d'être quittée, de devenir amère et d'évacuer la douleur par la haine ? La haine est une drogue fortement antalgique. Et addictive.

La vie changea, devint plus intéressante.

Le rêve prend ses aises dans mon antre
retrousse ses manches
et envoie valser les certitudes dans un grand ménage de printemps
Il fait entrer les visiteurs, morts et vivants
et leur montre la chambre d'amis derrière la porte dérobée
La musique d'ambiance déversée par les enceintes
sème panique et désir sur les tapis

Deux ans plus tard, elle découvrit qu'elle était aimable et polie avec lui quand ils discutaient au téléphone au sujet des enfants. Ils pouvaient rire ensemble.

Elle ressentait pour lui à peu près ce qu'elle ressentait pour son dentiste, minaudait-elle avec un certain cynisme à une amie. Il lui avait fait mal, mais elle comprenait que ça avait été nécessaire.

Ce n'était pas vrai. Elle avait plutôt l'impression désormais d'avoir une relation plus étroite avec son dentiste.

Je me suis évertuée à retenir les spasmes de l'agonie
comme une aimable petite compagnie
(Les spasmes de l'agonie sont eux aussi un signe de vie, n'est-ce pas ?)
Mais ils ont irrévocablement lâché prise, laissant place au vide
Alors seulement ai-je perçu les mouvements fœtaux.

Vagina dentata

– Les gens qui sont mariés depuis longtemps finissent par ne former qu'un seul personnage indistinct avec quatre bras, quatre jambes et deux paires d'yeux, dit Rasmus à Marie. On sait tout l'un sur l'autre, on termine les phrases l'un de l'autre et on casse les pieds à tout le monde.

Ils étaient installés dans leur nouveau canapé revêtu de tissu Josef-Frank. Rasmus venait de se servir une bière, Marie buvait du thé.

– Tu trouves qu'on est comme ça, nous ? demanda-t-elle en lui lançant un regard coquin. Ça fait cinq ans qu'on est mariés.

– Non, mais il faut qu'on fasse gaffe ! Regarde Bella et Daniel, eux, ils sont restés des individus ! Ils se lancent des piques et ils se chamaillent, mais on sent que c'est affectueux, et c'est parce que Daniel est toujours Daniel et Bella toujours Bella ! On pourrait les inviter samedi, recevoir un peu de monde, ça te tente ?

*

– Je suis fier de ma femme, elle est tellement brillante, déclara Daniel avec un tendre regard sur Isabelle. Vous saviez qu'elle écrit de la poésie ? Elle a suivi des ateliers d'écriture pendant tout l'hiver !

– Ah, c'est génial, Bella, s'exclama Marie. Ça parle de quoi ?

Isabelle eut l'air de vouloir protester, mais Daniel lui caressa la joue avec son pouce.

– Il y en a un qui raconte comment elle fait des puzzles

avec elle-même ! Et puis il est question, je crois, du soleil qu'elle voulait entendre et du vent qu'elle voulait *voir* !

Il pouffa un peu pour lui-même. Isabelle écarta sa main.

– Voyez-vous, poursuivit-il, j'ai l'esprit trop étroit pour comprendre des trucs pareils ! Je suis plutôt du genre amateur de plein air un peu fruste avec les deux pieds sur terre, si je puis dire !

– C'est vrai, je n'arrive pas à t'imaginer en train de lire tranquillement un livre, riposta Isabelle avec un sourire en lui tapotant le bras. Des mots imprimés, des lettres, ce n'est pas ta tasse de thé, à moins qu'il ne s'agisse de formulaire de déclaration de revenus ou de cours de la bourse…

– Tu as fait une mésalliance en te mariant avec moi, pas vrai, ma biche ? lâcha Daniel, et il attrapa la main d'Isabelle et la porta à ses lèvres. Mais je lis les journaux, et là, tu n'es pas aussi assidue, il me semble !

– Avoue que tes journaux préférés, ce sont les magazines avec des photos, hein ? Avec des voitures de sport et de belles nanas…

Daniel fit semblant de la menacer du doigt.

– Je n'ai pas besoin de mater d'autres nanas tant que ma petite biche s'occupe d'elle, tant qu'elle fait son jogging et se met de la crème là où il faut… Tu feras l'affaire encore quelques années ma chérie…

Il effleura les cheveux d'Isabelle. Elle secoua imperceptiblement la tête.

Le repas tirait à sa fin. On avait dégusté le tian au hareng de Marie, arrosé de l'eau-de-vie aromatisée par les soins de Rasmus, le canard à l'orange avec quelques bouteilles d'excellent saint-émilion et pour terminer, un parfait aux baies arctiques avec un tokay hongrois.

Pour accompagner le café, Rasmus servit de généreuses rasades de cognac. Daniel vida son verre et le tendit pour un deuxième service.

Isabelle lorgna de son côté. Il lui répondit par une grimace crétine. Il avait commencé à respirer fort et irrégulièrement par le nez. Elle évita de croiser son regard, se détourna et se mit à parler avec la maîtresse de maison.

– Est-ce que vous saviez que ma petite Bella a un troisième œil ? dit Daniel avec un clin d'œil aux autres. Regardez-la ! On a l'impression qu'elle est en train de papoter avec Marie et qu'elle me tourne le dos, mais détrompez-vous ! Avec ce troisième œil dans la nuque, elle voit et compte combien je bois de verres de cognac ! Santé, ma chérie ! Les maths, c'est pas ton fort, mais quand il s'agit de compter les verres, t'es championne !

Isabelle ignora la remarque. Elle se leva et alla regarder une grande peinture abstraite dans des nuances vertes et noires accrochée bien en vue sur un mur.

– C'est nouveau, non ? demanda-t-elle à Marie. J'adore, c'est magnifique…

– Et sachez-le, Bella s'y connaît en art aussi ! s'exclama Daniel. Elle lit les pages culture de *Dagens Nyheter* ! Elle a passé tout un week-end en Crète pour s'initier à l'aquarelle !

Isabelle ne quittait pas le tableau des yeux.

– Oui, c'est un Thorgil Johansen, dit Marie pleine d'entrain, et elle se détourna de Daniel, elle aussi. On l'a trouvé dans une exposition à Oslo cet été…

– Et il n'était pas donné, ce stage de peinture ! poursuivit Daniel d'une voix forte qui était difficile à ignorer en dépit du brouhaha ambiant. C'était un architi… un artiste archiconnu qui l'organisait. Chais pas pour quoi il est connu d'ailleurs, on voit pas où est le haut et le bas sur ses tableaux. Mais il paraît qu'il impressionne fort les femmes ! Hein, Bella, tu étais chaude comme une baraque à frites quand t'es rentrée, pas vrai ? Prête à aménager un atelier au grenier.

Isabelle continuait d'éviter l'appât. Elle était écarlate à ce stade, faisait tourner sur son doigt mince une grosse bague en argent qui semblait trop grande, dans un sens puis dans l'autre, inlassablement.

– Pas loin de sept mille pour un foutu week-end... Mais qui sait, tu vas peut-être empocher un joli pactole avec les vases que tu peins... sauf qu'ils sont un peu de travers... Cela dit, ceux de Picasso aussi étaient de traviole, ah, ah !

Son rire avait pris un ton plus acéré. Isabelle craqua, elle se retourna vers lui avec un sourire figé :

– Tu sais très bien que j'ai payé ce stage de mes propres deniers. Et il était bien moins cher que ton permis de chasse.

Daniel l'observa pensivement, ses yeux papillotaient, il ne souriait plus du tout.

– Ça me permet au moins d'apporter un peu de viande à la maison pour améliorer l'ordinaire ! finit-il par cracher.

– Du gibier ? Jusque-là, il a surtout brillé par son absence. Mais j'étais peut-être censée préparer un ragoût de pigeons d'argile ?

Daniel écarta les bras en signe d'impuissance à l'intention des autres hommes autour de la table.

– Que voulez-vous, ma petite biche ne supporte pas que j'aie une vie à l'extérieur du domicile ! Est-ce que *toutes* les femmes deviennent comme ça une fois qu'elles vous ont ferré ou c'est seulement ma petite Bella ?

La maîtresse de maison donna un coup d'œil d'avertissement à son mari. Rasmus bondit aussitôt et prit Daniel par le coude.

– Putain Danne, si tu as l'intention de foutre la merde, le cognac c'est fini pour ce soir ! lança-t-il, et il tenta un rire pour chasser la tension dans l'air. Allez, viens, on va s'en griller une !

Il orienta Daniel vers la porte du balcon. En passant devant Isabelle, Daniel leva la main comme s'il allait la frapper, pour la baisser aussitôt dans un geste exagéré. Isabelle recula vivement, perdit l'équilibre un instant et chancela.

– Mais ma puce, t'es bourrée ? Tu tiens plus debout ? rigola-t-il. Va peut-être falloir que je te porte pour rentrer ? Toi alors, tu t'arranges toujours pour me ridiculiser !

Il regarda autour de lui, satisfait de sa plaisanterie, mais personne ne rit, tout le monde était gêné et détournait les yeux. Daniel renifla et suivit le maître de maison sur le balcon. Sa voix rauque et indignée s'entendait nettement à travers la porte, mais il était impossible de distinguer ce qu'il disait.

★

– Je ne comprends pas comment Isabelle peut supporter ça ! dit Marie en se brossant les dents avant d'aller au lit. Il faut toujours que Danne s'en prenne à elle dès qu'il a bu un coup de trop !

– Ben, il faut quand même être deux pour se disputer, ce n'est jamais la faute d'un seul ! répliqua Rasmus en train de se frotter les dents avec autant d'énergie qu'elle devant le lavabo double. Ce n'est pas méchant, il blague, c'est tout. Les femmes n'ont aucun humour ! Tu as bien entendu comment elle s'est moquée de lui parce qu'il revient bredouille de la chasse. Il ne sait pas viser, Danne, et elle, elle remue le couteau dans la plaie !

– Il ne devrait pas avoir le droit de manier des armes du tout ! cracha Marie. De toute évidence, il a des problèmes avec l'alcool !

– Tu vas t'y mettre, toi aussi ?

Ce soir-là, ils s'endormirent en se tournant le dos.

★

– Tu m'as encore humilié devant nos amis, c'est une putain de manie chez toi ! bafouilla Daniel dans le taxi qui les ramenait à la maison. Tu n'arrêtes jamais. « T'as assez bu comme ça, Daniel ! Tu sais comment ça se termine ! »

– Je n'ai jamais dit ça ! Je n'ai pas fait le moindre commentaire sur ta consommation. Mais j'aurais dû...

– Je l'ai entendu quand même ! Dans ma tête ! Putain, mais tu me traînes dans la boue quand tu racontes à tout le monde que je rapporte jamais de gibier ! T'es une de ces... *vagina dentata*, oui, c'est ça !

– Une quoi ?

– Une chatte avec des dents. Qui coupe la queue des hommes ! Si tu me témoignais un peu plus de reschp... de respect, je toucherais probablement pas à une goutte d'alcool ! Mais quand tu m'insultes comme ça, ça me fout la déprime ! Une putain de déprime !

★

– Ce que j'ai du mal à comprendre, c'est pourquoi vous n'avez rien dit ! s'exclama Isabelle, un an plus tard. Pas un mot, jamais ! Ni toi ni personne !

Elle déjeunait avec Marie à la terrasse d'un restaurant, elles ne s'étaient pas vues depuis six mois.

Pour sa part, c'en était fini des dîners entre couples, depuis le divorce.

– Si vous voyiez que Danne était chiant avec moi – vous auriez quand même pu réagir ? Je croyais que c'était moi que vous trouviez pénible ! Je pensais que c'était de ma faute s'il me harcelait toujours comme ça !

– C'est-à-dire... c'est toujours difficile d'intervenir, dit Marie. En fait, on ne sait jamais comment ça se passe chez les autres. On n'a pas envie de compliquer la situation de quelqu'un...

– Compliquer ! siffla Isabelle. J'en aurais eu bien besoin, d'une complication. Parce que vers la fin, ça a failli dégénérer complètement.

– Il te frappait ?

– Non, pas vraiment. Mais il avait commencé à me pousser, soi-disant sans le faire exprès. Si je gênais le passage quand il voulait ouvrir un placard, par exemple, il me « déplaçait » tout bonnement, j'avais des bleus pendant des jours et des jours. Ce genre de choses.

– Comment il va maintenant ? Il a réglé ses problèmes d'alcool ?

– Danne ? Il n'a pas de problèmes d'alcool ! C'est moi qui étais son problème, c'est ce qu'il dit à tout le monde. Moi et ma *vagina dentata* !

– *Vagina* quoi ? Mais j'ai entendu dire qu'il... qu'il appelle Rasmus sans arrêt pour l'entraîner au troquet !

– Écoute, ça ne me concerne plus. Tu devrais plutôt t'inquiéter pour *moi*, demander comment je vais.

– Tu as raison. Comment tu vas ?

Isabelle sourit.

– Est-ce que tu arrives à imaginer ce que ça fait de rentrer à la maison, d'ouvrir la porte sans qu'il n'y ait quelqu'un pour hurler « Où t'étais encore fourrée pendant tout ce foutu temps ? » ! Ou quand je veux sortir et que personne ne crie « Tu vas où là ? ».

– Il avait la manie de tout contrôler, c'est ça ?

– Oui... je suppose. Ou plutôt, parfois j'avais l'impression qu'il était obsédé par moi. Il était incapable de me laisser tranquille, j'étais comme une carie qu'il était obligé d'aller titiller avec la langue sans arrêt. Il me reprochait tout ce qui n'allait pas, tous ses échecs étaient de ma faute.

– Comment ça, de ta faute ? dit Marie. Il faut être deux pour... ajouta-t-elle rapidement.

– Il pouvait me regarder et dire : « Comme tu as changé,

Bella », avec une sorte de pitié dans la voix ! Ça me travaillait, tu n'as pas idée.

– Si, si, je comprends ce que tu veux dire. Oh là là, il faut que j'y aille ! dit Marie en regardant sa montre. Rasmus va bientôt rentrer du boulot.

Elles se levèrent et ramassèrent leurs sacs de shopping. Marie ouvrit une boîte à chaussures, en sortit une paire d'escarpins qu'elle glissa dans sa besace.

– Je vais dire à Rasmus que je les ai trouvées dans un vide-grenier, gloussa-t-elle.

Isabelle sourit, presque avec nostalgie.

– Moi, quand je vais arriver à la maison avec ce chemisier, personne ne va se précipiter sur l'étiquette de prix et rugir : « Putain, neuf cents balles ! T'es folle ou quoi ? »

*

– Je n'ai jamais vu Isabelle aussi rayonnante ! dit Marie à Rasmus, surprise et contente à la fois.

Elle portait ses nouvelles chaussures, il ne les avait pas encore remarquées.

– Bella, c'est vrai ! C'est la *dolce vita* pour elle. Et Daniel, elle n'en a rien à cirer ! Il m'a appelé du boulot aujourd'hui, j'ai eu l'impression qu'il était bourré.

– Et en quoi est-ce que ça serait la faute de Bella ?

– Comprends-moi bien, certaines femmes font ressortir les pires côtés des hommes. Ça ne devait pas être facile pour Danne tous les jours ! Il fallait toujours qu'elle soit si distinguée et artistique, et si lui avait un hobby, elle le regardait d'un mauvais œil, rétorqua Rasmus, et il ouvrit une canette de bière.

– Enfin Rasmus, c'est la troisième que tu bois ce soir.

Il fit la sourde oreille.

– Il y a une expression pour ces femmes… C'est quoi déjà ?

– Trois bières ! Tu travailles demain !

Rasmus lui lança un regard froid.

– Fais gaffe ! dit-il. Fais gaffe à ne pas devenir une *vagina dentata*, toi aussi !

Vous les avez

Ils sont là, ils font partie de votre vie, vous les avez. Puis soudain, vous ne les avez plus.

Vous avez dans votre vie quelqu'un qui pose toujours ses chaussures mouillées sur le tapis de l'entrée. Vous suppliez, vous houspillez, puis un jour vous vous tenez là à contempler le tapis où les chaussures mouillées ne seront plus jamais posées.

Vous avez dans votre vie quelqu'un qui sifflote faux entre ses dents et vous empêche de lire le journal. Puis un jour vous entendez à quel point la maison est silencieuse.

Ils sont là, vous les avez. Puis vous ne les avez plus.

Vous avez dormi à côté d'une respiration pendant dix, vingt, quarante ans. Bien sûr que vous compreniez que vous alliez la regretter, cette respiration, et la chaleur du corps, tout le monde peut le comprendre.

Mais que vous alliez regretter tout autant les chaussures mouillées, le sifflotement discordant, ça non.

Ils font partie de votre vie, puis ils vous échappent avec tant de ruse que vous n'avez pas le temps de les retenir ni de les rattraper.

Ils peuvent par exemple changer.

Soudain ils ne se souviennent plus du voyage que vous aviez fait ensemble, ils vous appellent poliment Chère amie.

Changer, c'est être là tout en étant ailleurs.

Le léger poids chaud contre votre poitrine, les mains avec les petits doigts roses – à quel moment sont-ils devenus une grosse voix au téléphone ?

La fillette au sourire édenté, qui dessinait un chien – à quel moment est-elle devenue la femme exténuée qui n'a même pas le temps de s'asseoir pour boire un café ?

Ils sont là, vous les avez. Puis vous ne les avez plus.

La fenêtre la plus noire est celle qui un jour fut éclairée.

Le silence le plus intense, c'est à l'heure où elle avait l'habitude d'appeler.

Le vide le plus criant dans le trou béant à votre côté, c'est pendant la promenade, ou au supermarché où seules vos mains sont posées sur la poignée du caddie.

Et vous visualisez leur sourire, leurs mains gercées, leur sac usé, leur barbe naissante, leurs gestes excités, leurs lunettes de travers, leurs nounours, vous entendez leur rire, leur rabâchage, leur voix éraillée ou stridente, mais ils ne font plus partie de votre vie.

Les souvenirs sont tout ce qui vous reste. Et eux aussi, vous allez les perdre.

Un jour vous ne vous rappelez plus exactement comment était sa main dans la vôtre. Un jour vous cessez d'attendre la sonnerie du téléphone et votre cœur ne s'emballe plus quand vous apercevez son sosie parfait au coin de la rue.

Ils ne feront plus jamais partie de votre vie, vous ne les aurez plus.

La seule défense contre leur absence serait de ne jamais les avoir eus.

Seulement, la question se pose : auriez-vous accepté une vie sans eux ?

La mer

– Ça t'embête si je vais faire un tour sur la plage ? lança-t-il.

– Mmmm. Ne traîne pas trop. On mange à sept heures.

On mange à sept heures. Dix-neuf heures. C'est ça, parce qu'on mange toujours à dix-neuf heures, qu'on ait faim ou non. Parce qu'à vingt heures, il y a une émission à la télé qu'elle veut regarder. Il y a toujours une émission qu'elle veut regarder à vingt heures.

Il enfila son anorak. Le vent était toujours froid, on n'était encore qu'au mois de mai. Ils avaient fait le ménage dans la maison d'été, avaient branché l'eau chaude et allumé un feu dans la cheminée. Les enfants étaient déjà installés devant une série. Long week-end à la campagne.

Il envisagea d'emporter la canne à pêche puis y renonça avec un haussement d'épaules. Elle n'aimait pas quand il rapportait des poissons, même quand il les nettoyait lui-même. Il pouvait tout aussi bien revendre le matos.

En passant devant la fenêtre de la cuisine, il la vit devant la cuisinière en train de faire cuire du boudin noir. Il n'aimait pas particulièrement le boudin, n'avait jamais aimé ça. Elle ne voulait rien entendre, soutenant invariablement qu'il fallait en manger de temps en temps, c'était excellent pour la santé, plein de fer et de vitamines !

– Du fer et des vitamines, maugréa-t-il en s'engageant sur le sentier qui descendait à la plage.

Il aurait voulu acheter un petit voilier. Mais ils n'en avaient pas les moyens, elle avait tout à fait raison. Ils avaient besoin de remplacer l'une des voitures. Et il fallait refaire la cuisine !

Il avait quand même un peu insisté sur ce point. Partir avec le bateau, rien qu'eux deux. Mouiller dans une baie ou dans un port de plaisance, dormir à bord. Juste quelques jours, à l'occasion.

– C'est ça, et les enfants ? avait-elle rétorqué.

– Ta sœur pourrait peut-être…

Elle avait fait semblant de ne pas entendre. Un voilier hors de prix, pour quelques jours par an ?

S'ils se contenaient d'une seule voiture ? avait-il tenté. Il pouvait sans problème prendre le bus pour aller au boulot.

– J'aimerais bien voir ça ! avait-elle dit dans un éclat de rire. Toi qui ne te réveilles jamais à l'heure ! Et qui es si frileux !

Oui, c'est vrai, il lui arrivait souvent d'avoir une panne d'oreiller. Il avait abandonné l'idée. Ça ne servait à rien d'argumenter. Elle était si avisée. Si économe et prévoyante.

Des qualités qu'il avait admirées quand ils avaient commencé à sortir ensemble, en terminale. Lui était toujours fauché, un vrai panier percé qui empruntait aux copains. Il avait des projets fabuleux auxquels elle coupait court, gentiment, doucement. Partir en Australie ? Dans quelques années, peut-être. Acheter une moto ? Jamais, jamais il ne la ferait monter dessus !

C'était elle qui l'avait incité à postuler à l'école d'ingénieur. Quand ils eurent travaillé quelques années, une fois leurs études terminées, ils disposaient d'un apport personnel suffisant pour acheter la maison.

Et ça, grâce à elle, il n'y avait aucun doute là-dessus. Même pas trente ans, et déjà une maison à eux dans un lotissement agréable. Ses parents étaient si contents d'avoir une belle-fille pareille. Ils s'étaient un peu inquiétés sur ce point.

Son métier ne lui plaisait pas particulièrement. Mais il ne lui déplaisait pas non plus. Et le salaire était correct.

Il aperçut la mer au bout du sentier. Ça faisait douze ans maintenant qu'ils avaient acheté cette maison de campagne, et pendant toutes ces années il avait projeté de construire au moins un ponton digne de ce nom. Un ponton sur lequel passer de douces soirées d'été à contempler la mer, une bière à la main. Un ponton sur lequel rester allongé à se dorer au soleil, fermer les yeux et écouter le murmure des vagues. Un ponton pour taquiner la perche. Et peut-être, avec le temps, y amarrer un petit hors-bord…

Mais il y avait toujours eu d'autres priorités. D'abord ils avaient dû refaire tout le drainage autour des fondations de la maison. Puis, quand les enfants étaient devenus plus grands, ils leur avaient aménagé un petit coin chacun sous les combles.

Plusieurs étés y étaient passés. Ensuite il y avait eu l'abri de voiture, puis le plancher de la véranda.

L'année dernière il avait de nouveau abordé le projet du ponton. D'accord, ils n'achèteraient peut-être pas de voilier, mais ils pouvaient quand même demander à Aronsson et son fils de construire un ponton convenable ? Ce ne serait pas du luxe. La petite plateforme de planches sur ses poteaux, tachée de merde d'oiseaux et rongée par le vent et le soleil, elle était là depuis qu'ils avaient acheté la maison.

Elle lui avait prêté une oreille distraite. Puis elle avait sorti une brochure qui présentait différents modèles de chalets de jardin. Pour servir de chambre d'appoint, si des fois leurs amis voulaient venir leur rendre visite ?

Sur la plage, le vent était mordant. Il jouissait de sentir les tourbillons repousser les mèches de son front, dévoilant probablement les rides profondes qui le creusaient. Elle insistait toujours pour qu'il les camoufle avec ses cheveux.

– La mer ! entendit-il soudain une voix dire tout contre lui.

Il s'arrêta net et se retourna vivement. Il n'y avait pas un chat en vue.

Il sentit des sueurs froides glisser dans son dos. Qui avait dit « La mer » ? Distinctement, tout près.

Il observa l'étendue de sable devant lui. Le crépuscule

n'était pas encore tombé. Il n'y avait pas d'arbres, pas de dunes à proximité. Nulle part où se cacher. Pas d'empreintes dans le sable, à part les siennes.

Pouvait-il s'agir d'un phénomène acoustique ? Le son de la télé là-haut, aurait-il pu porter jusqu'ici ?

Il avait réellement entendu ces deux mots prononcés de façon claire et nette. L'intonation lui semblait familière, même.

La mer. Qu'est-ce que ça signifiait ? Il n'avait jamais rien vécu de semblable. Commençait-il à entendre des voix ?

Seulement « La mer ».

Il était presque dix-neuf heures. Mieux valait faire demi-tour et rentrer.

La table était mise et le boudin servi, accompagné de confiture d'airelles et de carottes râpées dans des bols. Les enfants se disputaient les places.

– Il y en a encore dans la cuisine ! dit-elle. Allez, servez-vous ! Vous avez besoin de fer et de vitamines !

La mer ! pensa-t-il.

⋆

Ils déposèrent les documents au tribunal administratif un an plus tard. Il lui laissa acheter sa part de la villa contre la maison de campagne. La différence suffisait pour qu'il puisse acquérir un deux-pièces dans le centre-ville. Au début, les enfants venaient y passer la nuit de temps en temps.

Il fit une croisière en mer Baltique et passa son permis bateau côtier. Son rêve de voilier ne se réalisa jamais, mais il s'abonna au magazine de nautisme *Båtnytt*.

Et les enfants adoraient se faire bronzer au soleil sur le solide ponton en bois goudronné construit par Aronsson et son fils.

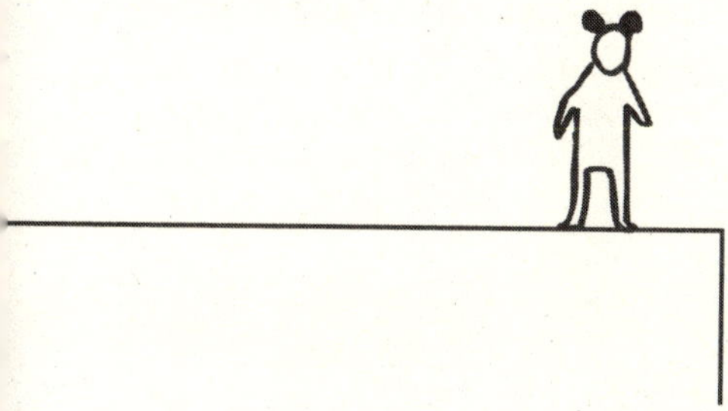

Nul et non avenu 1

J'ai entendu la clé qu'elle glissait dans la serrure et mon cœur a fait une pirouette dans ma poitrine. Pas par amour, certainement pas, je pense que c'était par pure terreur. La vache, j'ai peur de ma propre femme !

Et effectivement, elle est entrée avec ce pli entre les sourcils qui signifie qu'elle n'est pas contente du tout. Je-vois-bien-moi-mais-je-ne-dis-rien…

Elle est toujours en pétard ces temps-ci. Toutes les choses qu'elle ne dit pas se déposent sur le papier peint comme du givre. Et ça ne sert à rien de demander ce qui la contrarie tant. C'est invariablement ma façon de tenir la maison dont elle se plaint, un foutu sac-poubelle que je n'ai pas descendu.

– Après tout, toi tu travailles à la maison toute la journée…

Elle dit « tu travailles » et j'entends ce qu'elle veut réellement dire : « Toi qui passes ton temps à glander… »

Sauf que c'est elle qui voulait que je reste à la maison pour pouvoir écrire. Elle trouvait sans doute séduisant d'être mariée à un écrivain. Or, pour l'instant, ça n'a rien donné et elle se venge en faisant le ménage. Elle peut balayer et passer l'aspirateur autour de mes pieds sans prononcer un mot, des bulles de BD remplies de reproches refoulés flottant au-dessus de sa tête.

Elle ne connaît rien à l'angoisse de la page blanche qui peut vous frapper au point que vous finissez par allumer la télé et regarder du foot pour tromper l'ennui. Quand je travaillais à plein temps, les idées se bousculaient dans mon crâne, je les couchais vite fait sur des bouts de papier, j'en remplissais mes poches, il m'arrivait même d'en noter sur le portable quand j'étais aux toilettes et que j'avais une illumination soudaine.

Aujourd'hui, je piétine à la maison, parfois je n'en peux plus et je sors faire de longues promenades ou je vais boire un café avec Chrille ou quelqu'un. Une fois j'ai oublié d'aller chercher Harriet, j'ai cru que ma douce et tendre allait me tuer quand je suis rentré et qu'elle m'a appris que le jardin d'enfants avait appelé. Non, pas me tuer d'un coup, rien d'aussi direct et passionnel – sa technique, c'est l'élimination par le froid. Elle me tourne le dos dans le lit, semaine après semaine.

Car c'est ça, son problème, à mon avis. Sur le plan sexuel, plus rien ne l'excite, ou alors c'est moi qui ne sais plus y faire. Autrefois elle avait tellement d'appétit qu'un soir je l'ai trouvée couchée avec mon jean dans les bras, elle se frottait contre le futal comme si j'étais dedans. Aujourd'hui c'est un autre son de cloche.

« Nan, je suis fatiguée. C'est encore moi qui ai fait le ménage cette semaine. Alors que c'était ton tour. »

Ou bien : « Après une montagne de vaisselle comme ça… »

Elle est tout simplement devenue frigide, puis elle met ça sur le dos du ménage, prétextant trop de travail. Ça a commencé après Harriet. Ouais, ouais, j'ai entendu parler de ce genre de réaction. Mais qui dure plus de trois ans, alors là, non !

Je cherche par tous les moyens à rebooster sa libido, sans trop savoir comment. J'essaie de suggérer des trucs que j'ai vus dans des magazines, elle soupire et prend des airs de martyr. Comme l'autre jour quand j'ai proposé de lui faire un massage à l'huile.

– C'est ça, et ensuite qui c'est qui va laver les draps ? a-t-elle répondu.

Parfois je me dis qu'elle a flashé sur un autre. Ces

colloques pour le boulot qu'elle enchaîne. Logée dans des manoirs transformés en centres de congrès. Qui sait contre quels jeans elle se frotte alors ?

Pendant ce temps-là, moi, je suis à la maison avec Harriet. Qui est gentille, évidemment, elle ne moufte pas si je la parque devant la télé ou un jeu vidéo pour enfants, elle est capable d'y rester une journée entière, les yeux écarquillés. Mais je ne peux pas décemment l'y abandonner et sortir vivre ma vie. Et en semaine, il faut la déposer au jardin d'enfants, il faut aller la chercher et tout ça, et c'est à moi de le faire, moi « qui travaille à la maison et suis maître de mon temps »... Harriet est une môme sympa, mais les mômes n'arrêtent pas de vous interrompre. Avec elle dans les pattes, je ne parviens pas à écrire une phrase en entier.

Désormais, on ne parle plus de ma carrière d'écrivain. Elle croyait en moi, je sais que c'est vrai. Et elle me manque, telle qu'elle était autrefois. Quand je lui lisais mes textes et qu'elle disait des trucs mignons qui montraient ses tentatives pour comprendre, et je la faisais taire en l'embrassant, je lisais encore un peu puis on buvait du thé et on faisait l'amour toute la nuit... Voilà la nana que j'ai épousée.

Chrille est célibataire, il a la belle vie, lui. Le peu dont il a besoin, il l'empoche en quelques concerts quand il ne touche pas les allocations chômage. Et il a des amis compréhensifs qui le laissent écluser pratiquement une bouteille de whisky à lui tout seul, et qui lui paient même le taxi pour rentrer...

Évidemment, elle trouverait à y redire. Des fois je crois qu'elle est jalouse de mes copains, elle voudrait être tout pour moi, être irremplaçable, alors qu'elle ne me veut même pas. Elle m'échangerait volontiers contre une femme de ménage à temps plein. Elle me l'a dit sans détour.

Je crois qu'elle tient cette fixation sur le ménage de sa mère. Qui, bien sûr, s'est précipitée ici quand sa fille chérie était partie en congrès pendant trois jours. J'imagine qu'elle voulait vérifier comment on s'en tirait, Harriet et moi. Les boulettes de viande qu'elle nous a apportées, c'était sa façon de dire qu'elle ne pensait pas que je préparais de vrais repas à sa petite-fille. Elle a regardé les cartons de pizza dans la cuisine, puis elle a regardé Harriet puis moi, et sur sa gueule je pouvais lire que les enfants doivent être correctement nourris. Et ma tête à couper qu'elle va pousser cette histoire de femme de ménage jusqu'à ce qu'on ait une bonne à tout faire, nous aussi.

Alors je déclarerai forfait et je déménagerai chez Chrille !

Et je serai là, comme une âme en peine et elle me manquera, telle qu'elle était autrefois. Avant que l'aspirateur et les chiffons me remplacent dans son cœur.

Nul et non avenu 2

– Je fais le ménage jusqu'à mon niveau d'ambition, pas au tien, a-t-il dit en bâillant.

– Première nouvelle ! Tu as un niveau d'ambition ? ai-je rétorqué, et j'ai essayé de refermer le sac-poubelle dans lequel des épluchures de crevettes vieilles de trois jours puaient la mort. Il faudra que tu m'en parles un de ces jours !

– Poilant ! a-t-il répondu en bâillant encore une fois.

– Pourquoi tu es si fatigué ? J'ai l'impression que tout ce que j'ai vu de toi depuis que je suis rentrée du congrès, ce sont tes amygdales.

– Chrille est passé hier, on a refait le monde jusqu'à trois heures du mat', tout va bien maintenant, mais on a mis une claque au whisky. Il voulait rester dormir sur le canapé, mais je l'ai mis dans un taxi.

– Que tu as payé, c'est ça ?

– Bah, tu connais Chrille. Ça fait des semaines qu'il n'a pas eu le moindre contrat. Je lui ai filé quelques biftons.

– Non, je ne connais pas Chrille. Mais apparemment, je le fais vivre. Parce que, les biftons comme tu dis, tu les as pris dans la caisse commune, je suppose ? Il est arrivé à quelle heure ?

– Vers dix-huit heures, pourquoi ?

– Ah ben dis donc, tu as fait vite pour la lessive !

– Oh merde, la lessive, c'est vrai ! On s'était inscrits pour la machine hier, j'ai oublié.

Je lui ai montré le gros pense-bête sur la porte du frigo : BUANDERIE RÉSERVÉE JEUDI 18 H, *NE PAS OUBLIER* !!

– Tu avais promis ! Maintenant il n'y aura pas de machine de libre avant la semaine prochaine !

– Mais putain, t'es à peine rentrée et tu commences déjà à me casser les couilles ! a-t-il sifflé. Alors qu'on a passé trois jours peinards, Harriet et moi.

J'ai regardé ma fille qui était assise par terre en train de construire une tour instable en briques de Lego. Son petit visage était tendu d'attention, sa langue triturait les coins de sa bouche pleins de restes de nourriture.

– Est-ce qu'elle a quitté son pyjama depuis que je suis partie ? Est-ce qu'elle a mangé correctement ?

– Non, j'essaie de l'habituer à ne plus manger. Comme ça on fera des économies. J'ai pensé que ça te ferait plaisir, a-t-il marmonné.

Il s'est tourné sur le ventre, a posé un coussin sous son menton et m'a reluquée, l'air grognon.

– Mais enfin, évidemment qu'elle a bouffé ! Ta mère est passée, d'ailleurs, avec une cargaison de boulettes de viande, Harriet en a tellement bouffé qu'elle a failli dégueuler, a-t-il balancé en bâillant pour la troisième fois.

– Maman ? Elle est venue ici ! Dans ce bordel ?

Et voilà. Maintenant j'allais avoir droit à une flopée de remarques triomphantes de sa part. Les congés de paternité, ma mère n'y croyait pas une seconde : « Tu auras deux fois plus de boulot, ma chérie. » Merde !

– M'enfin, quel bordel ? Ça ne regarde pas ta vieille s'il y a un peu de désordre chez nous. C'est pas elle qui paie le loyer, que je sache.

J'ai été incapable de me retenir, j'ai grommelé entre les dents.

– Qu'est-ce que t'as dit ? Répète ce que t'as dit ! a-t-il rugi.

J'ai résisté, je me suis mise à remplir l'évier d'eau chaude, à jeter des restes de nourriture à la poubelle, en sentant mes mains trembler.

Où sont-ils passés, tous les sentiments que j'avais pour lui ? Ce sont eux qui m'ont portée pendant des années, ils agissaient comme une drogue. Tout mon bas-ventre se contractait, comme des crampes d'amour. Et maintenant je ne me rappelle même pas comment ça faisait. Aucun souvenir.

– Tu veux vraiment remettre cette discussion sur le tapis ? a-t-il craché depuis son canapé. Est-ce qu'on était, oui ou non, d'accord pour que j'aie ces six mois pour terminer mon livre ? C'est TOI qui m'as soûlé avec ça, « donne-toi cette chance », disais-tu. Et maintenant tu te plains pour le loyer ! Excuse-moi, mais les éditeurs de ce pays ne font pas des avances sur royalties aux débutants inconnus, si c'est ce que tu croyais !

On aurait dit qu'il allait se mettre à chialer. Harriet a levé la tête et l'a regardé. Puis elle est venue près de lui et a posé sa main sur sa joue.

– Papa, je fabrique une tour pour toi !

– C'est bien, ma puce. Une tour, c'est exactement ce qu'il me faut.

Furieuse, j'ai raclé une assiette incrustée d'œuf séché, le couteau a émis un crissement désagréable. Il avait raison, c'est moi qui l'avais poussé à démissionner du magasin de disques pour qu'il puisse terminer son bouquin. Les textes qu'il me montrait, je ne les comprenais pas pleinement, mais je n'avais jamais rien lu de semblable auparavant.

– Tu peux arrêter ce putain de grincement ? ! a-t-il meuglé soudain. Ça me fait éclater la tête !

J'ai posé l'assiette dans l'évier. Le lave-vaisselle était en panne. On n'avait pas les moyens de le faire réparer, lui disait toujours que ça revenait moins cher d'en acheter un nouveau. Du coup, on faisait la vaisselle à la main. Il était allergique aux produits vaisselle, je lui avais acheté des gants jetables, mais ça ne servait à rien, prétendait-il. Le produit rentrait dedans et lui donnait de l'eczéma.

– Dis donc, qu'est-ce qu'elle tchatche, ta mère, une vraie concierge ! a-t-il lâché.

Il a tout à coup paru plus conciliant et j'ai compris qu'il cherchait à enterrer la hache de guerre.

– Elle n'a pas arrêté de dire qu'on devrait prendre une femme de ménage, d'après elle on aurait droit à un crédit d'impôts. Si on la déclare. Sinon, elle connaît une Roumaine…

Il a éclaté de rire. Tous mes fusibles ont sauté, d'un seul coup.

– Je ne rêve que de ça ! ai-je dit, et j'ai entendu ma voix partir dans les aigus.

– De quoi… ? Qu'est-ce que tu racontes ? T'as l'intention d'engager une bonne ? Si tu fais ça, je me casse ! s'est-il exclamé en se redressant dans le canapé.

– Et pourquoi je n'aurais pas une bonne ? TOI, tu en as une ! Qui ramasse tes affaires et qui lave tes slips crados !

Je me suis entendue, on aurait dit une vraie pouffiasse.

Il m'a lancé un regard glacial, puis le silence s'est installé un petit moment.

– Jamais je ne l'aurais cru, a-t-il dit, lentement. Que tu allais tant changer. Tu ne ressembles pas du tout à la fille que j'ai épousée. Je devrais essayer de faire déclarer tout ça nul et non avenu !

La rengaine habituelle. Je n'ai pas répondu. Mais pas question de m'aplatir devant lui comme une carpette cette fois. J'ai ostensiblement déposé le sac-poubelle nauséabond près de la porte.

– Tu pourras au moins descendre la poubelle !

– Maintenant ? Je vais d'abord regarder les infos !

Sur ce, il s'est réinstallé dans le canapé et a pointé la télécommande pour allumer la télé.

– Je parie qu'hier Chrille et toi avez passé la soirée vautrés dans le canapé à regretter le temps des boniches.

Il n'a rien répondu.

Qu'est-ce que tu sais sur le mariage ?

Sur le mur du café étudiant était placardée une grande affiche avec le texte : « *Qu'est-ce que tu sais sur le mariage ?* »

Illustrée de deux alliances et bordée de cœurs, elle était signée « Les pasteurs des étudiants » et communiquait les horaires de thérapie familiale.

– J'en sais bien plus sur le mariage que je le voudrais réellement, dit la docteure Lydia Forslund, anthropologue, puis elle attaqua sa tartine chaude au fromage avec énergie et front plissé.

– Ah bon. Ça veut dire que tu vis un mariage malheureux ou que tu as divorcé un certain nombre de fois ? demanda le jeune assistant Georg Jansson.

Il aimait bien Forslund, son regard franc, ses cheveux gris coupés court et son rire rauque et cordial qui laissait deviner des soirées tardives en compagnie de whisky pur malt et de cigarillos.

– Ni l'un ni l'autre. Je n'ai jamais été mariée, et par conséquent je ne suis pas non plus divorcée, sourit-elle. Mes connaissances sont purement théoriques. Et toi, tu es marié ?

Elle examina ses joues aux rondeurs enfantines qui rougissaient si facilement. Il avait l'air d'avoir vingt ans, mais elle savait qu'il était bien plus âgé.

– J'y songe. Maintenant qu'on va avoir un enfant.

– Félicitations ! C'est vrai que dans ces cas-là, ça peut être tout indiqué de se lancer dans un petit projet de mariage. Vous allez acheter un tas d'objets en commun, depuis le siège auto pour l'enfant jusqu'aux assurances-vie. De tout temps, dans toutes les cultures, l'union conjugale a toujours été une question de propriété. On veille à ce que le patrimoine reste au sein de la famille et soit transmis à la descendance légitime, on se marie pour de l'argent ou pour fusionner des biens, on négocie le prix de la fiancée et le montant de la dot. En général ce sont les filles qui sont le gage dans les transactions, ce sont elles qui peuvent être vendues ou achetées pour un nombre déterminé de vaches ou de champs, pour des relations commerciales ou des visées politiques.

– Eh bien, on pourrait dire ça en ce qui me concerne aussi. Je n'ai ni vaches ni visées politiques, évidemment, mais on s'est dit qu'on allait régulariser tout ce qui touche à nos possessions communes, aux droits de succession, des trucs comme ça.

– C'est très sage de votre part. N'hésitez surtout pas !

– Mais je dois avouer que j'aime Sofia aussi. Ce n'est pas gênant ?

Docteure Forslund renifla.

– Ça ne fait pas de mal, tant que tu ne vas pas croire que les notions d'amour et de mariage soient conditionnées l'une à l'autre. Comme on s'efforce de nous le faire croire de nos jours ! C'est seulement au cours des cent dernières années que nous, les Occidentaux, avons eu cette idée encombrante comme quoi les mariages durables reposent sur un concept aussi incertain et fugace que « l'amour ». Concept que personne n'a réussi à définir d'ailleurs, bien que tout le monde s'y essaie ! Et les gens proposent n'importe quoi, ça va de l'attirance sexuelle jusqu'à une profonde entente spirituelle. Comme s'il fallait se marier pour coucher ensemble, ou être des amis proches, ou les deux !

– Je suis entièrement de ton avis. Mais comme je l'ai dit, on ne voudrait pas être plongés dans un conflit à la Stieg Larsson. Des fois que Sofia se retrouverait immensément riche et célèbre du jour au lendemain, et que tout l'héritage irait à son exécrable sœur, plutôt qu'à moi !

– C'est une attitude pragmatique et exemplaire ! *Love and marriage, go together like a horse and carriage*, chantent les gens avec Frank Sinatra, puis ils attellent le cheval au carrosse et se marient quand ils tombent « amoureux »... Ça me fait penser à un groupe de missionnaires que j'ai étudié. Ils sont arrivés sur une île de l'Océanie où ils ont découvert un peuple qui vivait dans le péché et la promiscuité sexuelle, tous participaient à l'éducation des enfants, qu'ils en soient les parents ou pas. Au bout d'un certain temps, les missionnaires avaient évangélisé toute la tribu, à l'aide d'un mélange d'eau-de-vie, de verroteries et de fusils, je suppose. Et dans un esprit purement chrétien, ils ont marié tous les couples qui habitaient sous le même toit, puis ils sont rentrés en Europe, très contents d'eux-mêmes. Quelques années plus tard ils y sont retournés. Ils ont retrouvé leurs sauvages, ils étaient toujours mariés, avec des alliances et tout. Simplement, ils *vivaient* dans de toutes nouvelles unions, selon l'humeur de l'instant. Ils avaient interprété la cérémonie du mariage comme une occasion agréable de faire la fête ! Et les enfants étaient toujours à tout le monde.

– Je devine une morale de l'histoire.

– Des conclusions, plutôt. Il y en a deux. Premièrement : les habitants de cette île vivaient pratiquement tous dans un régime de propriété collective, et du coup, un partage des biens lors d'un changement de partenaire n'était jamais à l'ordre du jour ni une transmission d'héritage à tel ou tel enfant. Deuxièmement : quand aussi bien les enfants que les possessions sont à tout le monde, on peut vivre un peu comme on veut. Et on veut forcément des choses différentes à différents moments de la vie ! Quand l'amour fou s'est calmé, on se lasse peut-être l'un de l'autre, on souhaite quelque chose de plus pimenté, ou de plus calme ou de plus sexualisé. Dans ce genre de société, vous avez carte blanche pour faire ce que vous voulez.

– J'ai l'impression qu'on s'imaginait un truc de ce genre dans les débuts de l'Union soviétique. Ou dans les premiers kibboutz... Sauf que ce n'est pas ce qui s'est passé, hein ?

– Non. Parfois je me dis que c'est l'avidité, l'idée établie qu'on a le droit de posséder des biens, ou des êtres humains, qui constitue l'épine dans le pied... Ce n'est pas seulement un péché capital parmi les autres, c'est l'avidité qui est derrière toutes les guerres et toute criminalité, d'Auschwitz aux krachs boursiers et aux catastrophes environnementales. Et c'est là-dessus qu'ils ont buté en Union soviétique aussi. Nous sommes tous contaminés par elle, depuis le jour où l'homme a plongé le premier soc de charrue dans la terre.

Docteure Forslund leva soudain les yeux de sa tartine et fit signe d'approcher à deux messieurs d'un certain âge, les mains chargées d'un plateau, qui cherchaient une place dans le café bondé.

– Hé salut ! Vous pouvez vous asseoir avec nous, on va vous faire une petite place, n'est-ce pas, Jansson ?

Deux chaises furent tirées d'une table voisine et les deux hommes s'installèrent avec leurs plateaux. La docteure fit les présentations.

– Celui avec la cravate, c'est Bergmark, il est sociologue, et le petit gros s'appelle Olof Ohlin. Biologiste et cynique. Et mon jeune ami ici s'appelle Jansson, il est sur le point de se marier. Du coup nous discutons mariage. Ces messieurs sont-ils pour ou contre ?

Les deux hommes adressèrent un hochement de tête poli à Georg Jansson, qui rougit.

– Je pars du postulat que tu parles de mariage dans le sens relation stable de type occidental monogame entre des partenaires de différents sexes ? demanda Olof Ohlin. Le sujet ne présente aucun intérêt ! Dans le monde animal, c'est la pertinence utilitaire qui décide du comportement en couple. Les animaux sont rarement monogames, mais quand ils le sont, comme les manchots qui retrouvent le même partenaire année après année, c'est parce que ça demande beaucoup trop d'énergie d'en chercher un nouveau chaque saison. L'énergie, il faut l'économiser dans le rude climat où ils vivent.

– Ça me paraît un comportement assez humain aussi, je connais des couples de la cinquantaine qui fonctionnent comme les manchots, lâcha Lydia Forslund. Ils trouvent que c'est trop fatigant de chercher une nouvelle compagne ou un nouveau compagnon ! Et la personne qui regarde la télé à côté de vous dans le canapé, on fait avec, peu importe qui c'est.

– Maintenant c'est toi qui es cynique, Lydia ! dit le sociologue Bergmark. Le mariage et la formation des couples ont des conséquences énormes sur le plan sociétal ! Regarde seulement ce qui se passe en Inde et en Chine aujourd'hui ! Pour la première fois de l'histoire, nous aurons une société avec un excédent colossal de mâles parce que la population estime que les filles valent moins et fait avorter les fœtus femelles, un féminicide à grande échelle ! Qu'est-ce qui va arriver aux centaines de millions de jeunes hommes qui ne trouveront jamais d'épouse ?

Forslund hocha pensivement la tête.

– Ça pourrait avoir pour résultat que les femmes soient davantage appréciées. Qu'elles aient plus de choix, qu'on leur témoigne plus de respect. Non ?

– Tu peux toujours rêver ! souffla Bergmark. Ça mènera à des kidnappings, à des mariages par enlèvement, à de la prostitution massive et à une société où seuls les riches auront le droit de se reproduire ! Mais ça baissera les taux de natalité, et ça, ce n'est peut-être pas une mauvaise chose.

– Ou peut-être que ça mènera à la polyandrie, tenta Georg Jansson timidement.

Une femme avec plusieurs maris. Il eut une vision éclair de Sofia devant l'autel, avec une petite troupe de jeunes gens en costume à côté d'elle, dont il faisait partie. Il réprima un frisson.

– Pourquoi pas ? dit Forslund avec un sourire. Nous sommes tellement bloqués dans nos représentations du mariage que nous avons tendance à mépriser toutes les autres. Mahomet permettait la polygamie pour que les veuves ne se retrouvent pas sans ressources en temps de guerre. Un peu ce qui se passait pour une veuve de pasteur chez nous, qui était reprise par le nouveau pasteur adjoint afin que tout se déroule sans problème au presbytère, et sinon, où irait-elle ? J'avais d'ailleurs un étudiant qui a travaillé en Afrique pendant quelques années et devait se marier avec une fille de Tanzanie. Elle a refusé de le suivre en Suède s'il ne se mariait pas avec sa sœur aussi, elle ne voulait pas être seule dans un pays étranger. Il l'a fait, mais l'addition était salée. Il a dû payer trois vaches au père.

– Ça, c'est intéressant ! s'exclama Bergmark. En Afrique l'homme paye une dot pour la femme qu'il veut épouser, en Inde ce sont les parents qui paient l'homme qui veut épouser leurs filles ! Des études indiquent que c'est pour ça que les Africaines ont plus de valeur aux yeux de l'entourage que leurs sœurs indiennes. Je veux dire, se remarier en Afrique coûte cher pour l'homme. Tandis qu'en Inde, on peut même mettre le feu à sa femme pour pouvoir se remarier et faire entrer un nouveau petit capital de dot rafraîchissant ! Les *dowry killings* sont… oh mon Dieu, Olof, on devrait être en réunion avec la direction depuis dix minutes déjà !

Les deux hommes se levèrent si précipitamment qu'ils firent tomber un plateau. Un hochement de tête à leurs voisins de table, puis ils partirent au galop vers les grandes portes vitrées. Lydia renifla et ramassa le plateau.

– On prend un café aussi ? dit-elle. Avec un petit gâteau ? C'est moi qui régale !

– Merci, c'est sympa !

Quand la docteure Forslund fut de retour avec deux tasses débordantes et deux brownies, l'assistant Jansson avait déjà peaufiné ses contre-arguments, le front plissé. Après tout, il était un homme sur le point de contracter un mariage d'amour ordinaire, suédois, monogame et sans aucune dot à l'horizon.

– Voilà Lydia, pour revenir à ton île de l'Océanie où tous étaient si heureux dans leur polygamie parce qu'ils ne possédaient rien – tu penses réellement qu'il n'y avait pas de couples dans lesquels l'un se lassait moins vite que l'autre, qu'il n'y avait pas de jalousie quand l'un abandonnait l'autre pour un nouveau partenaire ? Pas de chagrin d'amour ?

Il se surprit à imaginer Sofia mettre les voiles subitement pour aller batifoler avec un spécimen plus musclé, ou plus futé, et il rougit à nouveau.

– Là, tu entres dans un raisonnement piégé, répliqua Forslund en agitant sa petite cuillère, puis elle croqua un gros bout de son carré au chocolat. Tu pars du principe qu'on est *obligé* de vivre en couple ! Qu'on est tenu de quitter son partenaire si on est attiré par un autre. Ça ne doit pas nécessairement fonctionner comme ça. Regardez les lions, aurait dit Ohlin. J'admets que les comparaisons avec le monde animal sont discutables, on peut facilement dégoter une bête qui semble confirmer pile-poil ce qu'on cherche à prouver – mais moi, j'ai toujours trouvé risibles les gens qui parlent du lion mâle comme le roi des animaux, seulement parce qu'il a vaincu d'autres mâles et s'est retrouvé avec un harem de femelles. N'importe quoi ! Ce sont les lionnes qui régulent tout ça, elles laissent les mecs se battre entre eux jusqu'à ce que le plus fort gagne, comme ça elles savent lequel conviendra le mieux pour fabriquer une portée de lionceaux robustes et en bonne santé ! Puis les lionnes se le partagent entre elles. Elles n'ont pas besoin de lui pour autre chose, elles se débrouillent très bien toutes seules pour la bouffe et l'éducation des petits.

– Pas de jalousie entre lionnes, donc.

– Sur l'île de l'Océanie non plus, je pense. Évidemment, il y avait sans doute des hommes ou des femmes qui étaient plus désirables que d'autres. Et ces personnes avaient peut-être leur harem, tant qu'elles en avaient la force. Mais très peu de chagrin, et pas de divorces. Parce que les divorces, c'est vraiment une plaie !

– C'est toi qui dis ça ? s'étonna l'assistant. Avec ta vision du mariage, j'aurais cru que tu voyais les divorces comme un petit tracas de l'ordre du rhume ?

– Pas du tout ! N'importe quel médecin ou psychologue sait que rien n'écorche plus l'âme, et donc le corps. Les décès et les divorces. Mais on ne peut pas les interdire, ni l'un ni l'autre. L'Église catholique a essayé d'interdire les divorces, mais c'était surtout pour ne pas avoir un tas d'enfants laissés pour compte, ce qui arriverait si on permettait aux maris de plier bagage dès que l'envie leur en prenait. Pareil pour le célibat, d'ailleurs. L'Église ne voulait pas avoir à subvenir aux besoins des familles des prêtres. Tout tourne autour de la propriété ! *Quod erat demonstrandum* ! CQFD.

– Faut que j'y aille là, avant que tu passes entièrement au latin, dit l'assistant Jansson. J'ai un cours dans sept minutes.

Il prit sa serviette, hocha la tête et partit au petit trot vers la sortie avant de s'arrêter net et de revenir.

– On se marie à la mairie, Sofia et moi, dans trois semaines. Ça te dit de venir ?

Docteure Forslund sourit.

– Avec grand plaisir ! J'adore les mariages ! L'atmosphère ! Il y a tant de joie, tant d'attente et d'espoir. Et tant d'innocence et de confiance aveugle. Ce qui est sans doute une condition sine qua non.

– Mais pas de discours, hein, tu me promets de ne pas prononcer de discours !

– Oui, je le promets.

Pièces vides

Assise raide comme un piquet dans le canapé, elle regarde autour d'elle en se disant qu'une pièce peut être vide de maintes façons :

Il vient de partir et la pièce est remplie de son absence. Pas encore complètement vide.

Une dispute s'est terminée, quelqu'un a débarrassé le plancher. Un vide béni règne dans la pièce.

Il n'est pas venu. C'est un vide fait de silence pénible et assourdissant qui pèse sur la pièce.

Mais maintenant je sais. Il ne reviendra pas, et c'est pourquoi, dorénavant, mes pièces ne sont même plus remplies de son absence. Et tous les sons qui le définissaient sont partis avec lui. Ses disques de jazz, son fredonnement, sa voix et son rire.

Je devrais pouvoir jouir du silence. Tant de fois je lui ai dit de baisser le volume de la chaîne hi-fi. Rien ne détruit le cheminement de vos pensées comme un sax ténor extatique lancé dans une longue improvisation. Il faisait toujours celui qui n'entend pas. Et si je baissais le son moi-même, il prenait un air surpris : « Tu disais ? »

Le canapé est vide désormais. Le canapé où il se vautrait toujours en mettant les pieds sur la table basse en verre, j'avais beau lui faire la remarque, il le faisait quand même. C'est agaçant d'avoir toujours à essuyer une table en verre. Tout ce qui reste de lui dans le canapé est une tache à l'endroit où il a renversé du vin rouge en gesticulant, un jour quand on se disputait. La tache n'est jamais vraiment partie, le tissu est très clair, si bien qu'on y voit une ombre vaguement verdâtre. Comment une tache de vin rouge peut-elle virer au vert ?

Je bois du thé dans sa grande tasse en céramique. Elle est épaisse et ébréchée, pas très agréable aux lèvres, avec une fissure à l'anse qui laisse probablement s'accumuler microbes et saletés. En plus elle est laide, vert et jaune avec un chat maladroitement dessiné. « Mais ce chat, c'est toi tout craché ! » disait-il pour me taquiner. « Je t'embrasse chaque fois que je prends une gorgée ! » Il y a longtemps de ça. Je vais m'en débarrasser. Pourquoi ne l'ai-je pas déjà jetée ?

Et pourquoi ai-je gardé notre lit double ? Il occupe presque tout l'espace, la chambre est toute petite. Mais c'est vrai, c'est commode de pouvoir poser un plateau à côté de moi dans le lit, d'avoir tout sous la main quand je me couche, livres, papier, ordinateur portable, téléphone. C'est ce que je dis si quelqu'un fait une remarque. Je pose toujours un objet sur son côté du lit, il ne faut jamais qu'il soit vide. Comme s'il allait revenir s'y glisser d'un instant à l'autre. Mais non.

Et bien sûr que je devrais enlever son nom sur la porte d'entrée. Le facteur sait qu'il ne reviendra pas, je le lui ai dit. « Alors, à mon avis, vous devriez retirer son nom, disait-il. On est plusieurs sur cette tournée. Comme ça vous n'aurez pas à faire suivre son courrier ! »

Je reçois de la pub qui lui est destinée parfois. Je mets ces enveloppes et brochures dans un compartiment à part de la bibliothèque. C'est complètement absurde, je sais. Car même s'il revenait, il ne voudrait pas se retrouver inondé d'un tas de prospectus dépassés. Mais j'aime avoir son nom sur l'étagère, où personne ne le voit. Il me suffit de savoir qu'il est là.

Il m'arrive d'écrire son prénom sur le bloc-notes à côté du téléphone. Je l'écris comme je le faisais au début de l'adolescence quand j'étais amoureuse de quelqu'un de la classe. Je l'écris encore et encore, quand j'attends au téléphone qu'on prenne mon appel au centre des impôts ou à la sécu. Puis j'arrache la feuille, je la froisse et la jette, en l'enfonçant bien dans la poubelle, ni vu ni connu.

Personne ne me parle de lui. Les gens sont pleins de tact, vraiment. On a l'impression qu'il n'a jamais existé. Et moi, il vaut mieux que je ne commence pas à parler de lui, mes propos sont toujours déplacés. « Il avait l'habitude de... » ou « on allait acheter... » Je vois sur le visage de mon interlocuteur qu'il me plaint.

Quand les gens vous plaignent, vous finissez par y croire.

Cela dit, j'ai beaucoup de place maintenant dans mes placards ! Ça, c'était toujours un souci. Ses affaires étaient volumineuses et il essayait de les caser partout, le sac de golf et le sac à dos et son énorme anorak avec la capuche bordée de fourrure. Des bottes et des brodequins. Désormais, ce sont mes chaussures qui sont alignées là, soigneusement rangées par paires, avec celles que j'utilise rarement au fond. Et il n'y a rien qui dégringole de l'étagère du haut quand on s'y attend le moins.

Son rasoir électrique et sa brosse à dents et l'affreuse trousse de toilette, je m'en suis débarrassée tout de suite. Ils dégoulinaient littéralement de son ADN, c'est l'impression que j'avais, et c'était trop intime, trop physique. J'ai tout fourré dans un sac plastique que j'ai balancé dans la benne tout venant à la déchetterie. Je n'ai pas réfléchi, le rasoir aurait dû atterrir dans une autre benne, mais il me fallait tout jeter rapidement, sinon j'avais l'impression que je serais contaminée. Contaminée par lui.

Des fois je reste assise à côté de la tache sur le canapé à boire du thé dans sa tasse, je fixe la table en verre bien essuyée et je guette les sonneries du téléphone que ne retentissent jamais. Je guette de la musique qui n'est jamais jouée, je guette l'écho de nos voix, de tout ce que nous nous disions. Et je me demande où ça se trouve maintenant, tout ça.

Il paraît que la lumière d'une étoile éloignée peut voyager dans l'espace pendant des milliers d'années, si bien que lorsque les hommes l'aperçoivent dans leurs télescopes, elle est déjà éteinte depuis des siècles. Peut-être que nous existons quelque part là-haut, en route pour une planète inconnue.

La moitié du dessus

– Je crois bien que ce sont ces foutus petits pains qui m'énervent le plus ! dit Märta en farfouillant dans son sac de golf pour sortir le wedge.

Elle donna un coup à la balle dans le bunker, inondant Birgitta de sable. La balle atterrit en périphérie du green.

– Quels petits pains ? demanda Birgitta, et elle brossa le sable de son tailleur en tweed impeccable.

– Je te l'ai déjà raconté, non ?

Ayant rejoint la balle avec le putter bien en main, Märta visa le trou tandis que Birgitta en retirait le drapeau.

– Raconté quoi ? Concentre-toi, Märta, sinon tu vas louper ton putt.

Märta redressa le dos et s'appuya contre la poignée de son chariot. Elle laissa son regard balayer les douces collines qui gondolaient autour d'elle dans la grisaille d'automne. La cotisation au club était élevée, le terrain venait d'être aménagé, il était joliment situé sur des terres agricoles qui avaient été cultivées pendant des siècles par des paysans dévoués. Puis elle se tourna vers son amie.

– La dernière chose que m'a balancée Anders quand il se tenait là dans l'entrée, prêt à partir avec son ridicule sac à dos, ça a été : « Je me réjouis de pouvoir enfin manger le dessus des petits pains, pour la première fois de ma vie. Pendant toutes ces années je me suis fadé ces putain de fonds caoutchouteux, parce que toi, tu préfères le dessus ! » Tu sais, si j'avais eu le driver sous la main je lui aurais défoncé le crâne avec !

– Pourquoi ? Je ne comprends pas.

– Tu vois, Anders et moi, on a toujours fait très attention l'un à l'autre. Pendant quarante ans on s'est offert le luxe de petits pains frais au petit-déjeuner. Lui, la moitié du dessous et moi celle du dessus.

– Et pourquoi ça t'énerve ? Moi je trouve ça plutôt mignon de sa part, il te laisse le dessus alors qu'en fait il le préfère.

– Mais j'ai fait la même chose ! En réalité, je préfère *le dessous*, il est beaucoup plus facile à tenir et tu n'as pas des miettes partout sur la robe de chambre. J'ai mangé le dessus pendant toutes ces années seulement parce que je croyais que *lui* préférait le dessous.

– Et pas une seule fois vous n'en avez parlé ?

– Pas de ça ni d'un tas d'autres choses, et maintenant, après coup, je me rends compte qu'il y a eu beaucoup de malentendus. Pour moi comme pour lui. Cette manie qu'il avait de… oups, c'est peut-être un peu trop intime…

– Quoi donc ? dit Birgitta, tout ouïe.

– Il fallait toujours qu'il me tripote les tétons avant qu'on fasse l'amour. À l'époque où c'était encore d'actualité, ça fait des lustres. Je détestais ça, en tout cas après la naissance de Louise. Les mamelons sont faits pour les bébés, je les ai d'ailleurs tellement sensibles que je faisais des bonds dans le lit dès qu'il s'approchait et commençait à les triturer. Mais je ne disais rien, je suppose qu'il avait lu ça dans la presse masculine. Ça a été un soulagement quand on a arrêté de coucher ensemble, après la naissance de Carl. Pour lui aussi, tu le comprends. Vu la suite des événements.

Birgitta hocha lentement la tête.

– Ça a dû être difficile pour toi. De t'en rendre compte je veux dire. Tu as réussi à lui pardonner ?

Märta entendit l'avidité du sensationnel dans sa voix, mais haussa les épaules. Elle pouvait bien lui offrir ça, à sa seule amie proche. C'est important de pouvoir parler avec quelqu'un.

– Non ! répondit-elle fermement. Et je ne suis certainement pas près de leur pardonner non plus, à ces loustics.

Je n'ai même pas envie d'en parler, si tu veux bien m'excuser.

– Je comprends, dit Birgitta en inclinant la tête.

– Tu sais pourquoi il était si mauvais golfeur ?

Birgitta dit en souriant :

– Trente-cinq de handicap, après quarante ans de pratique, ce n'est pas glorieux, effectivement.

– Il détestait le golf, il a fini par me l'avouer. Mais il pensait qu'il était obligé de s'y prêter en étant mon mari. Vu qu'il avait pu prendre l'ascenseur social grâce à sa femme, comme il disait. Tu comprends, il était facteur avant que papa le fasse entrer dans l'entreprise. Toi, tu le sais, Birgitta, mais aucun autre de nos amis n'est au courant. Il n'y avait pas de raison d'insister là-dessus. Et il avait quand même un minimum de savoir-vivre.

– C'est vrai qu'il faisait souvent partir la balle dans les fourrés, s'écria Birgitta. Et ensuite il la cherchait pendant une éternité pendant que nous autres, on poireautait. Je me rappelle qu'une fois Clarence s'est tellement énervé qu'il s'est mis à frapper un arbre avec son club, tu imagines dans quel état il était ensuite, tout tordu, le club, je veux dire.

– Mmmm. Et ce n'était pas la balle qu'il cherchait !

– Ah bon ?

Les yeux de Birgitta s'écarquillèrent de stupeur, tandis qu'elle se représentait les scènes innommables qui se déroulaient dans la partie boisée du terrain de golf.

– Non, mais qu'est-ce que tu imagines ? dit Märta en plissant le front. Ce n'était pas du tout ça… Il en profitait juste pour observer les oiseaux. Ça aussi, il a fini par me le dire. Il avait toujours de petites jumelles dans la poche. Il s'intéressait beaucoup aux oiseaux, Anders. S'intéresse, devrais-je dire, il n'est pas mort après tout.

– Tu es toujours en contact avec lui ?

– Kent-Olof et lui m'ont envoyé une carte postale de Marrakech !

– Mais c'est un pays musulman ! Je croyais qu'ils ne toléraient pas ces choses-là ?

– Écoute, ça aussi, j'évite d'y penser. Mais je suppose que là-bas, ils ne peuvent pas se balader main dans la main, comme ils le font ici. Je les ai vus sortir d'Åhléns une fois, chargés de provisions. C'était *iiiiimmonde* !

Le *i* bourdonnait derrière ses dents comme si elle jouait de la guimbarde.

– Il a l'intention de rester en ville ?

– J'espère que non. Il n'a plus rien ici. Je veux dire tout l'immobilier était à mon nom, papa faisait très attention à ces choses-là. Heureusement. Maintenant il ne lui reste que sa retraite – et puis le salaire de Kent-Olof, évidemment. Je les vois mal s'acheter un appartement au centre-ville avec ça.

– Mais n'était-ce pas ça, justement, qu'il voulait ? Vivre simplement ? Ils vont peut-être s'installer à la campagne, ce serait un soulagement pour toi, non ?

– Je ne sais pas si ça ferait une grande différence. Les ragots ne s'épuisent pas aussi facilement. Il faut serrer les dents, un point c'est tout, dit Märta avec un sourire de guingois. D'un autre côté, je n'ai plus spécialement à me donner une contenance dans la vie sociale. Elles se sont pas mal taries, les invitations aux dîners et aux soirées. Rien que du classique, hein ? Femme célibataire 64, ce n'est pas avec ça que je vais faire un tabac… Mais Anders et Kent-Olof, ils invitent du monde, eux ! Certains sont sans doute juste curieux, d'autres veulent se montrer ouverts et tolérants. Ils étaient au réveillon chez les Ekegren, j'ai croisé Brita Ekegren aux halles après, elle n'a pas arrêté de me bassiner avec ces deux-là, comme ils étaient *mignons* ensemble. Je lui ai demandé si elle et Gustaf n'avaient pas l'intention de participer à la Gay Pride aussi, tu imagines son vieux rasoir de mari avec un boa rose ? Mais je ne peux pas nier que ça m'agace. Je crois que les invitations me manquent bien plus qu'Anders.

Märta sourit soudain et l'espace d'une seconde, son visage botoxé prit l'expression d'une adolescente coquine.

– Je pense à un truc, Birgitta ! Tu vois les poupées gonflables qu'ils ont dans les sex-shops ? Sur lesquelles les hommes se défoulent faute d'avoir une femme en chair et en os, si j'ai bien compris. On devrait pouvoir trouver des poupées comme ça, destinées aux dîners en ville ! Mais des mâles ! Des messieurs en plastique, bien habillés avec veste et cravate. On les amène, ils ne pèsent pas grand-chose, on les tient sous le bras et on salue les hôtes, puis on les parque au vestiaire et on les récupère avant de partir. Ou alors on les dégonfle, on les roule et on les glisse dans le sac à main !

Elle réfléchit.

– On pourrait les emmener au cinéma et au théâtre aussi ! Je n'y vais plus, tu te vois aller toute seule au théâtre, toi ? Bon, ça ne m'apportait pas grand-chose d'y aller avec Anders non plus, il n'était jamais spécialement intéressé et après il ne se rappelait pas ce qu'il avait vu. Mais il m'accompagnait, c'est vrai. Il restait là à côté de moi dans le noir.

Birgitta, un peu embarrassée, fixa ses derbies en daim gris avec languette à franges et semelles de gomme. Elle allait rarement au théâtre, et si une fois de temps en temps ça lui arrivait, c'était avec l'Époux.

– C'est à croire qu'on vit dans une arche de Noé ! souffla Märta. Tout le monde est supposé être en couple.

– Et les enfants, comment est-ce qu'ils voient… tout ça ? demanda Birgitta pour réorienter la conversation.

Märta loupa son putt et poussa un profond soupir.

– Louise a complètement rompu les liens avec lui. Mais Carl n'arrête pas de dire qu'il faut que j'accepte, c'est ce qu'il a fait, lui. Il va chez Anders et Kent-Olof assez souvent, si j'ai bien compris. Il y a de quoi être inquiète. Ces choses-là… c'est génétique, tu crois ?

Birgitta haussa les épaules.

– Je n'en sais rien. N'y pense pas. Ah, raté encore, le putt !

Elles terminèrent leur parcours et, en traînant leurs chariots, se rendirent lentement au club-house où elles s'installèrent avec chacune un verre de Chablis.

– Mais quand même… dit Märta, et elle jeta un regard nostalgique par la fenêtre. Il y a eu un temps où on était amoureux, réellement. En tout cas moi. J'ai dû batailler pour convaincre mon père.

Birgitta se racla la gorge, s'apprêtant manifestement à faire une remarque.

– Pas du tout, détrompe-toi ! s'exclama Märta, qui la voyait venir. Ils se connaissaient très bien. Ce n'était pas pour l'argent. Il n'a jamais particulièrement aimé notre style de vie, il le subissait sans rien dire. Comme pour le dessous des petits pains… Mais aujourd'hui je me demande bien à quoi ça rimait, notre vie commune. C'est vrai que, nous aussi, on a eu nos nuits main dans la main au clair de lune, autrefois. Notre voyage de noces à Capri quand il fallait tout le temps qu'on se touche, sinon on trouvait qu'on avait froid. Après la naissance de Louise, il a pleuré. Il me serrait dans ses bras, ses larmes coulaient dans mes yeux, je ne savais plus qui de nous deux pleurait… Et il y a quelques années, quand on a cru qu'il faisait un AVC, je suis restée à son chevet à l'hôpital toute une nuit, j'avais tellement peur de le perdre.

Son regard se perdit dans le lointain.

– Donc, il te manque malgré tout.

Märta revint sur terre et émit un petit reniflement.

– Non, enfin pas lui *personnellement*. C'est le mariage qui me manque, je crois. Pas lui, pas ses petites manies ridicules, pas sa façon de ne pas desserrer les dents devant les documentaires sur la Seconde Guerre mondiale à la télé. Pas ses peignes dégoûtants qu'il laissait traîner, pleins de cheveux de plus en plus gris, et pas ses ronflements sifflants. Et certainement pas son estomac qui ne supportait pas ceci, pas cela. Seulement des aliments *bouillis*, et surtout pas d'épices. D'ailleurs, il va sûrement faire un autre AVC d'ici peu, le docteur nous a prévenus.

Elle eut l'air ragaillardie.

– Ce jour-là ce sera à Kent-Olof de rester à compter les heures près du goutte-à-goutte !

Elle se redressa brusquement, traversa le restaurant d'un pas sportif et revint avec un hamburger végétarien dont elle enleva soigneusement la moitié du dessus et la posa sur le plateau.

Puis, avec un bonheur manifeste, elle croqua à pleines dents dans son sandwich décapité.

Angela est de nouveau enceinte

– Angela est de nouveau enceinte, dit Jens. On aura encore un petit neveu ou une petite nièce à garder !

Ils se regardèrent en souriant. Annette dut faire un gros effort pour produire un sourire sincèrement chaleureux, elle sentit une résistance dans les coins de sa bouche. La sœur de Jens avait déjà cinq enfants, trois filles et deux garçons, dont l'âge allait de zéro à huit ans.

Chaque été, accompagnée de tout le troupeau, elle venait passer les vacances à la maison de campagne dont elle avait hérité avec Jens. Le mari actuel d'Angela, père des trois plus petits, ne venait généralement pas. Il en profitait pour partir à l'étranger avec ses deux enfants d'un mariage précédent.

Vera, la mère de Jens et Angela, avait quatre-vingt-trois ans, elle passait l'été avec eux à la campagne, mais quand Angela l'appelait pour annoncer son arrivée, elle avait subitement des affaires urgentes à régler en ville. Et Annette pouvait la comprendre ; à cet âge-là, on ne s'extasie plus vraiment devant des bébés qui vous vomissent dessus, ni devant des petits garçons qui jouent au foot par-dessus vos plates-bandes et des petites filles qui hurlent et se plaignent à tout bout de champ des insectes, des injustices et de l'eau qui est trop froide.

Parfois Annette avait envie de faire comme Vera. Se précipiter dans l'autobus pour la ville dès qu'elle voyait le combi s'engager sur leur terrain. Car les vacances se déroulaient toujours de la même manière : avec Jens, ils arrivaient les premiers à la maisonnette début juin et lui se mettait tout de suite à remplacer le mastic des fenêtres, à réparer les poteaux abîmés de la clôture et à curer les écoulements d'eau, tâches qui lui étaient réservées d'office. Annette faisait les courses, préparait les repas et bavardait avec Vera, puis elle aimait s'installer sur la véranda, respirer le parfum des lilas et ouvrir les livres qu'elle n'avait pas eu le temps de lire au cours de l'hiver.

Jusqu'à l'arrivée d'Angela, donc, quand la maison devenait un enfer de cris d'enfants, de cavalcades, d'odeur de couches sales et de linge en train de sécher, de repas interminables durant lesquels il fallait obliger de petites bouches récalcitrantes à avaler yaourts, spaghettis et autres tartines.

Ce qu'Annette trouvait le plus dérangeant, c'est que, dès qu'Angela avait ouvert la portière de la voiture et défait la ceinture de sécurité des enfants, elle leur lançait :

– Regardez ! Voilà tante Annette ! Courez vite lui faire un câlin, mes enfants, ça va lui faire très plaisir ! Ah, votre tante préférée !

Sous-entendu : Elle qui n'a pas d'enfants. Sous-entendu aussi : Elle a très envie de s'occuper de vous pendant quelques semaines pour que votre pauvre mère puisse se reposer.

Et les mômes couraient. Les petits grimpaient sur les genoux d'Annette et réclamaient une glace et ils voulaient tout de suite aller se baigner. Les plus âgés avaient faim, ils voulaient manger et pourquoi l'image de la télé était-elle si mauvaise ?

Jens marmonnait quelque chose et disparaissait dans l'atelier de menuiserie. Angela gazouillait qu'elle devait défaire les bagages, puis ils la retrouvaient profondément endormie dans la cabane des invités. Sur des draps qu'elle avait sortis du gros coffre de la salle de séjour, pour elle-même et pour toute sa marmaille. Des draps que Vera était trop âgée pour laver et étendre, c'est une tâche qui incombait désormais à Annette chaque fin d'été. Draps plats, housses de couettes, taies d'oreillers. Plus des alèses pleines de pipi.

Il n'y avait pas de lave-linge dans la maison d'été.

Le soir quand Annette avait lu des livres pour endormir

les plus grands et que Jens avait raconté des histoires aux plus petits, Angela frétillait d'aise et leur préparait un cocktail. Les doigts de pied en éventail, elle adressait un sourire à Annette. Puis elle disait toujours une phrase du genre qu'elle comprenait que son frère et sa belle-sœur trouvent sympa d'avoir des enfants dans la maison, eux qui n'en avaient pas, n'est-ce pas ?

– Vous avez de la chance, vous, pas de marmots dans les pattes à longueur de journée et vous pouvez faire ce que vous voulez de votre temps, soupirait-elle. Ils me tuent, les miens ! Si je pouvais, je les enverrais en camp scout la moitié de l'année, rien que pour avoir la paix. Un camp avec de hautes clôtures et visites interdites !

Elle se trouve pleine de tact en faisant semblant d'en avoir assez de ses mômes, songeait Annette. Pour ne pas fanfaronner, vu que nous sommes à plaindre, nous qui n'en avons pas. Jamais il ne lui vient à l'esprit que c'est exactement ça, elle en a marre, elle est fatiguée, et son mari aussi, lui qu'on ne voit jamais ici. Et c'est Jens et moi qui sommes son foutu camp scout.

Si Vera était là, elle glissait en général quelques mots : « Je ne comprends pas comment tu fais, Angela ! Moi, je n'avais que toi et Jens, pas de vie professionnelle, j'étais femme au foyer et je trouvais que j'étais débordée ! » Puis elles partaient toutes les deux ramasser des baies dans la forêt ou allaient flâner au marché du coin. Impossible, évidemment, d'y emmener cinq gamins ! Si bien qu'Annette et Jens devaient tenter de les maintenir en vie pendant l'absence de leur mère.

Une toute petite enfant qui ne mangeait que de la bouillie et de la banane écrasée quand elle ne refusait pas tout bonnement de manger. Et quatre plus grands, qui voulaient des crêpes. Des tonnes de crêpes, sans relâche. Et qui hurlaient quand il n'y avait plus de confiture.

Annette en préparait donc à la chaîne, auréolée d'une couronne de cheveux humides de sueur. « L'avantage d'être une tante préférée, c'est qu'on perd du poids sans problème ! » disait-elle avec un sourire de guingois. « À force de rester aux fourneaux, on n'a jamais le temps de manger ! » Jens prenait l'habitude de passer par le marchand de hot-dogs sur la plage et lui ramenait une barquette en douce.

– Le danger serait que tu renonces à avoir tes propres petits braillards, en voyant le boulot que c'est, avait pouffé Angela un soir après trois Campari et une lichette de vieux cognac trouble miraculeusement surgi du fond du garde-manger.

Annette avait souri. En se faisant violence.

Le temps passait lentement cet été-là. En se réveillant, vers six heures, les enfants prenaient l'habitude de se glisser dans le lit d'Annette et de Jens. Angela n'était pas du tout matinale. Un jour quand elle arriva dans la minuscule cuisine pour se préparer un café, Jens fut sur le point de lui faire remarquer qu'eux aussi auraient bien aimé faire la grasse matinée de temps en temps : « Je voulais te dire, Angela… » Face aux grands yeux ronds et candides des enfants, il ravala son commentaire.

Et les enfants mouraient d'envie d'avoir un chien ! L'été suivant, Angela leur avait donc fait la surprise d'un schnauzer aux moustaches touffues qui avait sauté le premier du combi et posé ses pattes sur le jean blanc de Jens. Il n'était pas encore propre, mais Annette savait tellement bien s'y prendre avec les animaux domestiques ! Elle qui avait eu un chat et tout ! Disait Angela.

Ce qui était la stricte vérité. Quelques années auparavant, quand Jens et elle venaient d'apprendre qu'ils ne seraient jamais parents en s'y prenant de la manière naturelle, ils avaient eu un chat norvégien. Un jour d'automne, il s'était fait écraser par une voiture et Annette avait versé tant de larmes qu'ils avaient décidé de ne plus jamais avoir d'animaux.

Puis avait commencé la période des stages. Angela se mettait à suivre des cours le temps d'un week-end. Bikram yoga pour débutant. Méditation de pleine conscience. Trouve ta paix intérieure. Pour la forme, elle demandait à Jens et Annette si ça les dérangerait de se trouver seuls avec les enfants deux, trois jours.

Après quelques week-ends à ce régime, elle se limitait à juste donner les dates de ses ateliers. En revenant, elle était tellement fatiguée qu'il fallait absolument qu'elle récupère. « C'est marrant, hein, que ça vous épuise à ce point de juste méditer en silence », pouffait-elle en s'allongeant sur le ponton, un chapeau posé sur le visage. Les enfants marchaient sur la pointe des pieds autour d'elle en s'efforçant de chuchoter.

Ensuite les stages week-end s'étaient transformés en stages d'une semaine. Pendant celui de peinture sur porcelaine en Grèce, le petit Anton s'était cassé une jambe, mais que pouvait-elle faire, Angela, de là où elle était ? Il n'y avait pas de vol avant le vendredi... Pendant l'initiation à la peinture *kurbits*, Maja avait développé une allergie, elle eut de vilaines éruptions sur les bras et les jambes. Jens l'emmenait au dispensaire tous les jours pour lui faire faire des tests. Il en profitait pour lire le journal à la cafétéria, il n'avait rien contre ces moments de calme volés.

Et voilà qu'Angela était enceinte de nouveau. Comme les grossesses usent terriblement le corps, elle avait besoin de plus de tranquillité que jamais. Elle songeait à réserver quelques jours au Spa de Saltviken.

C'est alors que la catastrophe frappa.

John, le mari d'Angela, lui annonça qu'il avait rencontré une autre femme. Au téléphone ! Sans autre forme de procès. Et cette femme vivait à Londres, c'est donc là qu'il irait vivre. Mais il promit de revenir en Suède au moins une fois par mois pour voir les enfants, le petit nouveau aussi.

Angela s'enferma dans la cabane des invités, y passa deux jours à fixer le plafond pendant que Jens et Annette faisaient de leur mieux pour gérer la situation avec les enfants désespérés qui nageaient en pleine confusion. Deux se remirent à faire pipi au lit, un troisième s'occupa à arracher les ailes des mouches ou à frapper le chien avec une corde à sauter dès qu'il en avait l'occasion.

Au troisième jour, Angela sortit de la cabane, plissa les yeux au soleil et s'assit dans la balancelle avec son téléphone portable. Médusés, Jens et Annette l'entendirent expliquer à son mari qu'à partir de maintenant, c'était lui qui avait la garde unique de tous leurs enfants, y compris le nouveau dès qu'il serait sevré. Le médecin lui avait donné six mois tout au plus à vivre, lui expliqua-t-elle en sanglotant. « Le pronostic n'est pas bon pour le cancer des os. » Jens et Annette se redressèrent immédiatement sur leur chaise et la fixèrent, incrédules. Cancer des os ?

Elle leur fit un clin d'œil.

*

Quelques semaines plus tard, tout était sous contrôle. John était revenu à la raison, il avait compris que ça ne se fait pas d'aller au tribunal pour réclamer de ne *pas* avoir la garde des enfants. Il avait promis de se racheter, ils allaient déménager à Göteborg où habitaient sa sœur et son beau-frère qui, eux non plus, n'avaient pas d'enfant. Comme ça ils auraient quelqu'un pour leur donner un coup de main pendant l'hiver aussi, comme disait Angela en se frottant le ventre, l'air satisfait. Annette et Jens écoutaient la conversation téléphonique quand elle expliquait à son mari, un trémolo dans la voix, que les médecins lui avaient donné un nouvel espoir. Comme par miracle ils semblaient être venus à bout de son cancer, mais elle était encore fragile, très fragile.

Les jumelles, huit ans, furent le meilleur soutien d'Angela. L'une cala son dos avec un coussin pendant que l'autre remplissait sa tasse de thé. Elles étaient restées silencieuses main dans la main et le pouce dans la bouche pendant les turbulents pourparlers téléphoniques de divorce ; John n'était pas leur père. Mais désormais elles avaient retrouvé leur entrain, elles s'occupaient de leurs petits frères et sœur, véritables petits bras droits de leur mère.

Annette fit cuire une montagne de saucisses dans la cuisine, Jens emmena les trois petits se promener avec le chien et tout reprit comme avant.

Changement d'identité

Quelque chose clochait. Il s'arrêta, la main sur la poignée de porte, et observa l'entrée.

Le portemanteau était vide, sa veste n'était pas là. Ses chaussures n'étaient pas sur l'étagère à chaussures.

Saisi d'un mauvais pressentiment, il alla dans la chambre et ouvrit la penderie de sa compagne. Vide. Il vérifia les tiroirs de sa commode. Vides aussi.

Merde ! Elle l'a fait ! pensa-t-il. Putain, elle s'est cassée ! Et cette fois elle ne reviendra pas, je le sens.

Il se laissa tomber sur le canapé dans le salon et se renversa contre le dossier. Son cœur battait très fort.

Non ! Elle n'a pas le droit ! Putain, elle n'a pas le droit de se barrer comme ça ! Sans se soucier de ce que je vais devenir.

Il se leva et se mit à arpenter l'appartement.

Elle a dû laisser une lettre quelque part ! Un mot ! Enfin merde, il faut que je la trouve ! Il faut que je lui parle ! Elle me doit bien ça !

Il prit son téléphone portable et composa le numéro de sa compagne. « Le numéro que vous avez demandé n'est plus en service », annonça une voix métallique. C'est vrai qu'elle lui rebattait sans cesse les oreilles avec cette histoire de textos dont soi-disant il l'inondait. Mais il avait besoin de savoir où elle se trouvait, et elle ne l'appelait jamais pour le lui dire.

Le crépuscule commença à tomber derrière la vitre. Il se mit en faction et guetta la rue pendant un long moment, comme si elle allait revenir d'un moment à l'autre, comme si tout allait bien.

Il sentit soudain une sorte de crampe dans la région du cœur, chancela et s'effondra sur le canapé.

Qu'est-ce qui va se passer maintenant ? se demanda-t-il,

perplexe. Est-ce que je suis censé continuer à vivre comme si de rien n'était ? Comme si on ne s'était jamais connus ? Elle sait que je l'aime, enfin, elle sait que je ne peux pas vivre sans elle ! Où est-ce qu'elle est, bordel de merde ?

Il sauta sur son portable de nouveau et composa un autre numéro.

– Sara ? Tu as Theresa par là ?

Silence.

– Mais réponds-moi, merde à la fin ! Elle est là, Tessan ?

– Theresa a déménagé. Tu sais qu'elle a déménagé.

– Oui, mais… où ? Il faut que je la joigne ! Maintenant, tout de suite. Il y a des trucs juridiques à régler, des papiers, tu sais.

– Je ne peux rien faire. Je ne sais pas où elle est !

– Bien sûr que si, tu le sais ! Tu peux au moins me donner son nouveau numéro de portable !

– Tessan n'est plus en ville. Tu entends ! Et elle ne veut pas que tu la joignes !

Clic.

– Mais je l'aime ! hurla-t-il dans le portable silencieux. Je l'ai toujours aimée ! C'est un malentendu, tout ça !

Il réfléchit. Marie ! Et peut-être le mec avec qui elle bosse, Peter. Et… merde, je ne connais même pas le nom de famille de sa copine !

Il composa un numéro qu'il répugnait à composer. Attendit longtemps pendant que les sonneries retentissaient. Pas de réponse. Évidemment, en voyant sur l'écran que c'était lui, ils n'avaient pas envie de répondre.

Puis il eut une idée, attrapa son blouson de cuir, descendit dans la rue et entra dans le bureau de tabac.

– Salut ! Écoute, tu pourrais me rendre un service ? C'est tellement con, mais je me suis enfermé dehors et j'ai le portable à l'intérieur. Est-ce que je pourrais… ?

– Emprunter le mien ? Bien sûr !

Serviable, l'homme derrière le comptoir lui tendit un mobile. Sympa, le mec ! Mais d'un autre côté, il était un client régulier, il y achetait toutes ses clopes et le journal du soir.

Il se réfugia dans un coin du magasin et refit le numéro, celui qu'il ne voulait pas faire. Et ce coup-ci, une femme répondit.

– Salut Eva-Lena, c'est moi. Tu ne sais pas où est Tessan ?

– Ça ne sert à rien de nous appeler. Tessan n'est pas ici. Et elle ne veut plus avoir aucun contact avec toi, tu le sais ! Son père et moi, on pense que…

– Je m'en fous de ce que vous pensez, hurla-t-il. Tu vas juste me dire là, tout de suite, sans réfléchir, où elle est ! Sinon, vous aurez des problèmes, de graves problèmes ! Je sais que Tessan…

– Tu ne sais rien. Et ça ne t'avance à rien de nous menacer. On appellera la police, je te le garantis !

Clic.

L'homme au comptoir le regarda longuement quand il lui rendit le téléphone. Oui, bon, il irait acheter ses clopes ailleurs.

Lentement il retourna à l'appartement. S'assit à la table de la cuisine et regarda autour de lui.

– Mais ce n'est pas possible, tu devrais le comprendre, Tessan ? Je ne peux pas vivre sans toi ! Tu le sais ! C'est pas possible ! J'ai besoin de t'avoir avec moi ! On a des problèmes, je le sais, mais on peut les régler, on le peut !

Il se mit à pleurer, de longs sanglots convulsifs.

La nuit était complètement tombée désormais.

L'ascenseur se mit en route dans la cage d'escalier et son cœur s'emballa. La porte d'ascenseur se referma. Quelqu'un marchait sur le palier. Une porte d'entrée s'ouvrit et se referma.

Il attrapa un torchon jeté sur le dossier d'une chaise pour s'essuyer les yeux.

Je dois m'y prendre autrement ! pensa-t-il. Je peux aller la voir à son travail. Elle recevra peut-être du courrier ou des factures ici qu'il faudra faire suivre. Ou alors… des fois les gens reçoivent une nouvelle identité par mesure de protection, puis les autorités font une boulette et la révèlent, j'ai lu ça dans le journal. Mais elle n'obtiendra jamais ça, elle ne sera pas protégée, la police n'a rien contre moi, je n'ai pas de casier ! Je vais la trouver !

Il se moucha dans le torchon. Ça allait un peu mieux.

– Il faut que je lui dise que je l'aime, bordel de merde !

Monsieur Gredin

Je fais semblant de dormir quand elle rentre. Elle se glisse dans le lit derrière mon dos et pose un bras pesant sur moi, cette lourdeur immobile qui se produit quand on a bu cinq verres de trop. Je me secoue pour m'en débarrasser, mais elle s'est déjà endormie. Tant mieux !

Je vais dans le vestibule et vois qu'elle a essayé d'accrocher son manteau sur un cintre, mais il pendouille de travers, une des manches traîne par terre. Elle devait être complètement dans le cirage en rentrant ! Je remets le manteau sur le cintre avant de commencer à fouiller les poches. Peigne, rouge à lèvres et trousseau de clés. Son sac à main ?

Il se trouve sur le banc du vestibule, jeté n'importe comment, à moitié ouvert. Je le prends et une carte de visite en tombe. Jesper Grelin, consultant en informatique.

C'est donc vrai !

J'ai la tête qui tourne subitement. Ça se passe ici et maintenant, ce que je crains en permanence depuis qu'on vit ensemble.

Elle s'est toujours plainte de ma jalousie.

Si elle pianote sur son téléphone toute une soirée en pouffant de rire, je veux évidemment savoir ce qu'elle fabrique. C'est normal, non ? Alors je ne me gêne pas pour éplucher ses SMS quand elle va aux toilettes ou quand elle prend une douche. Ou quand elle s'est endormie. Une fois elle a vu ce que je faisais, elle a pété un plomb et ça se comprend, car je n'ai trouvé que des ragots sur ses collègues. Après ça, elle a changé de mot de passe et a commencé à éteindre son téléphone, et maintenant je ne peux plus rien vérifier.

– Tu ne comprends pas que c'est une question de confiance ? je lui dis. Si tu as si peur que je voie tes SMS, c'est que tu as quelque chose à cacher. C'est pas plus compliqué que ça !

– Exactement, répond-elle. Une question de confiance. Tu n'as pas confiance en moi, il te faut toujours fouiller et fureter partout. Est-ce que moi, je demande à vérifier ton portable ?

Non, c'est vrai, elle ne demande pas. Et je ne peux pas savoir si c'est parce qu'elle me fait confiance ou parce qu'elle s'en fiche. Même quand je fais exprès de la rendre jalouse. Quand j'ai fait du gringue à cette nana allemande au réveillon du Nouvel An, elle n'en avait rien à cirer. Elle n'a fait qu'en rire.

Elle est si sûre de moi.

Comme la fois où je l'ai surprise en pleine conversation avec un mec balèze en blouson de cuir au centre commercial. Je m'y trouvais par hasard, elle devait croire que j'étais au boulot. Mais ce jour-là, mes collègues étaient tous en congrès et moi, je devais travailler à la maison. Encore aujourd'hui, je ne sais toujours pas si elle avait rendez-vous avec lui ou si elle l'avait juste croisé. Quand je l'ai entourée de mon bras pour que le mec comprenne bien que c'était peine perdue, qu'elle était déjà prise, elle a eu l'air un peu agacée, puis elle s'est de nouveau tournée vers lui.

– Je disais donc, vous tournez à gauche au deuxième carrefour, c'est une rue assez petite ! a-t-elle dit. Vous allez trouver !

Il a hoché la tête, m'a lancé un regard furtif avant de s'en aller.

Je peux le comprendre, cela dit. Elle était particulièrement belle ce jour-là.

Les cheveux propres et soyeux avec des mèches plus claires qui volaient autour d'elle quand elle secouait la tête. Rouge à lèvres rose et talons vertigineux. Tous les mecs se retournaient sur son passage, et pas mal de femmes aussi.

– C'est qui, l'heureux élu ? lui ai-je dit. Ça fait longtemps que tu le connais ?

– Mais arrête ! Il m'a juste demandé où se trouve la bibliothèque !

– Il n'avait pas une tête à fréquenter les bibliothèques !

– Tant de préjugés, tu es insupportable ! Et arrête de venir me surprendre comme ça ! Je déteste quand tu fais ça.

Puis hier, donc.

– Et pourquoi je ne sortirais pas avec mes collègues ? a-t-elle dit. On vient de finaliser le projet, on a besoin de se détendre et de fêter ça.

– Bien sûr. Est-ce que l'un de tes collègues s'opposerait à ce que je vienne ? Je me tiendrai tranquille, vous pourrez parler du projet tant que vous voulez !

– Mais personne d'autre n'emmène son compagnon ou sa compagne ! Ça ferait crétin et tu t'ennuierais à mort.

– Tu as honte de moi, c'est ça ? Dis-le, vas-y, dis-le ! Tu as honte de moi ! Tu penses que tes collègues pourraient me juger !

– Arrête ! a-t-elle riposté. J'ai été d'accord pour qu'on se marie cet été, tu crois que je l'aurais fait si j'avais honte de toi ?

J'ai fait machine arrière. On *avait* parlé mariage, après une nuit merveilleuse à Majorque l'automne dernier. Ça faisait trois ans qu'on vivait ensemble, on avait envie d'officialiser notre relation, et on voulait avoir des enfants.

Mais elle abordait rarement le sujet, et je m'inquiétais. Chaque fois que j'essayais d'en discuter, savoir si on se marierait à l'église ou juste à la mairie, si on ferait une fête pour nos amis, ce genre de cogitations, j'avais l'impression qu'elle se mettait à marmonner. Et elle me disait souvent qu'elle en avait marre de ma jalousie. Alors j'ai lâché du lest, je lui ai même dit de bien s'éclater avec ses collègues.

Et elle ne s'est pas gênée ! Je tiens là la preuve que ma

jalousie n'est qu'une invention de sa part alors que sa trahison à elle est bien réelle. Jesper Grelin. Voyez-vous ça. Monsieur Gredin.

Ça suffit, j'en ai ma claque. De retour dans la chambre, la carte de visite à la main, je la réveille. Elle renifle et cligne les yeux face à la lampe de chevet que je dirige droit sur son visage.

– Quelle heure il est ? Il s'est… il s'est passé quelque chose ?

– Savoir l'heure, ça ne te servira à rien, je lui dis froidement. Moi par contre, ça va me servir de savoir que c'est un mec que tu cherches. Ça fait des années que je m'en doute. Tu t'amuses bien avec monsieur Gredin ?

Elle essaie de me taper, d'une main molle et ivre. Puis elle se met à pleurer.

– Je ne sais pas de quoi tu parles, c'est qui, monsieur Gredin ? dit-elle. Tu parles du consultant informatique qui va installer le dernier Word sur mon Mac ? Ou c'est un homme que tu viens d'inventer ?

Je lui colle une baffe en pleine figure où les larmes et le mascara ruissellent, des fleuves noirs qui inondent l'oreiller.

– Qu'est-ce qu'il a que je n'ai pas, à part une bite ? je lui crache.

Elle a l'air choquée. Je n'ai jamais levé la main sur elle auparavant.

– Qu'est-ce que tu *veux* de moi, Frida ? sanglote-t-elle. Que je me fasse tatouer ton prénom sur le front ? Tu me gonfles, là, j'en peux plus !

Juste quelqu'un qui pourra me trouver

Si je me tourne sur le côté, ce foutu cœur va peut-être battre moins fort.

C'est comme ça que ça commence ?

Et ensuite des douleurs qui irradient dans le bras gauche. Alors, il y a urgence.

Non, merde, il bat encore plus quand je suis couché sur le côté.

Allez, respire profondément. Inspire, expire, inspire, expire.

Quelle heure est-il ?

Trois heures et demie. C'est peu probable que quelqu'un passe à cette heure-ci pour me découvrir là, sans connaissance. Ou que quelqu'un m'entende si je crie.

À cette époque, l'année dernière, je n'aurais eu qu'à tendre le bras et toucher Alice. Quel que soit le problème, elle se serait levée et aurait appelé le médecin de garde.

C'est ce qu'elle a fait l'été dernier quand j'avais ressenti les mêmes symptômes. Et ça s'est calmé presque immédiatement.

Elle m'avait engueulé parce que j'imaginais des choses. Je n'avais jamais eu de problèmes cardiaques, disait-elle. C'est vrai. Mais il y a une première fois à tout et la crise peut s'avérer massive justement la première fois. Ils l'ont dit à la radio.

Ou un anévrisme. Tor Hällén a trouvé sa femme dans la douche. Rupture d'anévrisme cérébrale, elle était morte en quelques secondes. Elle n'avait même pas eu le temps de fermer le robinet. L'eau avait coulé jusque dans le salon.

Si ça m'arrivait, personne ne s'en apercevrait avant que tout le sol de la salle de bains soit inondé et s'effondre sur l'étage en dessous. Au bout de quelques jours.

Merde, ça vire à l'hyperréalisme. Le plafond en dessous qui devient de plus en plus sombre, un grand fracas, un torrent qui se déverse, des poutres et un fatras innommable partout dans leur joli salon, et puis moi, au milieu de tout ça, raide mort, les lèvres bleues, naufragé dans leur canapé Empire. Nu comme un ver. Ça, ça aurait plus choqué la bonne femme que l'effondrement du plafond. Elle a toujours l'air si pincé. Toujours agrippée au bras de son mari, et il y a de quoi s'accrocher, il doit peser ses 120 kilos, au bas mot. Il souffle comme une locomotive dans les escaliers, le visage écarlate, LUI est vraiment l'archétype de celui qui ferait une crise cardiaque massive. Je suppose que dans ce cas, elle se jetterait sur le téléphone pour appeler l'ambulance.

Je ne suis même pas sûr que les ambulances se déplacent de nos jours. Il semblerait qu'ils négligent pas mal d'appels, à en croire les tabloïds. Vous obtenez une infirmière au bout du fil qui ne vous considère pas réellement malade et n'envoie pas d'ambulance. Et vous n'avez pas assez de force pour rappeler si vous venez juste de faire une crise de quelque chose. Il faut qu'un proche intervienne. Si vous en avez un.

Ce qui est sûr, c'est que l'ambulance ne viendra pas si vous êtes là, tout seul, sans connaissance et que vous ne pouvez même pas appeler.

Inspire, expire, inspire, expire…

Je pourrais peut-être me procurer un de ces bracelets de téléassistance qu'ils fournissent aux retraités qui vivent seuls ? Je me demande à qui ils sont reliés en fait – au service d'aide au domicile ? Mais je suppose que les gens de cinquante, soixante ans, ils n'ont pas droit aux aides à domicile ni aux alarmes. Quoique, ils ont peut-être privatisé ça aussi, comme tant d'autres services publics ; dans ce cas il doit être possible de s'abonner. Ça me donnerait une sorte de sécurité. Un bouton à presser de mes doigts froids et raidis quand la crise surgit. Ou quand je suis tombé dans l'escalier du grenier et me suis cassé le dos.

Je n'envisageais pas vraiment ce genre de situation quand j'ai crâné devant Alice lorsqu'elle voulait divorcer. « Tant mieux, ma vieille, ai-je dit, comme ça je serai débarrassé de ces foutues soirées bridge avec tes copines ! » Je n'ai même pas tourné la tête pour lui faire face. « Johan, a-t-elle répliqué sur un ton triste, Johan, regarde-moi. » Je l'ai dévisagée avec un sourire.

« Je vais m'acheter un chien, ai-je poursuivi. Toi, tu n'en as jamais voulu, alors que les enfants en rêvaient. Un carlin. Tu sais, les chiens qui ont tes yeux. » Bon sang, ce que j'ai été vache avec elle. Je n'étais pas triste, pas vraiment, ça faisait longtemps qu'on ne s'intéressait plus spécialement l'un à l'autre. Je dirais plutôt que j'ai été pris de court, puisqu'elle m'avait devancé. Car bien sûr que j'y avais pensé parfois. Mais d'habitude je n'étais pas aussi méchant, la plupart du temps je ne me sentais pas concerné, c'est tout.

Et je croyais sincèrement au début que ce serait agréable de vivre seul. Je pourrais carrément trouver quelqu'un d'autre, une femme plus marrante, avant qu'il soit trop tard. Staffan au boulot, il a rencontré sa deuxième femme sur le Net. Et il y a quelques pubs en ville où on ne trouve pas que des gamines de dix-sept ans bourrées comme des coings.

Quoique, le Net, je ne sais pas. Ulla 49+, aime les voyages, les fleurs et les livres. Margareta, 52, jeune, joue au golf et au bridge, maison de campagne dans le Norrland.

J'en ai rien à foutre des fleurs et des livres. Je ne joue pas au golf, et les tournois de bridge, merci j'ai déjà donné ! Celle avec la maison de campagne est sans doute simplement à la recherche de quelqu'un pour réparer les fuites d'eau de la toiture.

Moi, je veux juste quelqu'un qui pourra me trouver. Si ça arrive. Quelqu'un qui dort à côté de moi, ou au moins dans la chambre d'à côté. Qui rentre à la maison et déverrouille la porte avec sa propre clé quand je gis là, les lèvres bleues, et que ça urge.

Le sexe ne me manque pas tellement. Il s'est asséché des années avant qu'on divorce. On mollit, c'est inévitable. Quelques fois, au pub, il y a peut-être eu un petit frétillement. J'ai offert des verres, etc. À deux occasions j'ai eu le droit de raccompagner la femme chez elle. Mais je n'ai jamais pu mener l'affaire à bien, il n'y a eu qu'un peu de pelotage, comme si j'étais un foutu ado. Pas question de commander du Viagra avant d'être sûr que l'investissement soit rentable.

La maison de campagne, tiens. Je ne comprends pas comment j'ai pu oser y aller seul. Alice n'a pas voulu de la bicoque, qui d'ailleurs m'a coûté un bras dans le partage des biens, mais j'avais en tête que j'irais pêcher là-bas à l'automne, avec mon chien. Que je n'ai jamais acheté. Je resterais devant le feu de cheminée, le clebs endormi sur le tapis à côté de moi et je lirais ces bouquins sur l'histoire que Stina m'a offerts à Noël. Les pieds sur le plaid sans que personne m'engueule pour ça, avec un verre de whisky et un paquet de cigarettes. Personne qui me pompe l'air avec le perron qui a besoin d'un coup de peinture et ne peux-tu pas aller dehors pour fumer ?

Et si ça m'arrivait là-bas ? ! La douleur qui irradie dans le bras quand je coupe du bois. Je m'effondrerais sur le chevalet, j'y resterais affalé. Pas un voisin à des kilomètres à la ronde. Et je ne manquerais à personne, même pas au boulot, je suis souvent en déplacement, ils croiraient tous que je me trouve à Hedemora ou dans je ne sais quel bled paumé. Le portable sonnerait une fois ou deux, et ils laisseraient un message sur le répondeur. Puis rien pendant plusieurs semaines. Des mois peut-être avant que quelqu'un ait l'idée de venir vérifier. Et alors, ce serait probablement un agent du fisc ! C'est comme ça qu'ils me trouveraient, là sur mon chevalet de sciage. Avec de la merde congelée au fond du pantalon, il paraît qu'on se chie dessus quand le contrôle des muscles fout le camp. Un animal peut-être qui m'aurait goûté pour voir si je suis mangeable. Le percepteur des impôts se détournerait et dégueulerait au pied du lilas. Merde, encore ce foutu hyperréalisme.

Allez, inspire, expire…

Je n'ai pas trop de contact avec Stina, pas depuis qu'elle est allée vivre à Östersund. Elle a assez à faire avec son mec et ses mômes, je les entends toujours hurler dans le fond quand je lui passe un coup de fil. C'est toujours moi qui appelle. La dernière fois, elle m'a même demandé pourquoi j'avais commencé à téléphoner si souvent, est-ce qu'il était arrivé quelque chose ? Est-ce que tout allait bien ?

« Tout baigne », ai-je répondu. Pas de souci.

Mais sa mère, elle peut l'appeler plusieurs fois par semaine. C'est Alice qui me l'a dit.

Et Måns ne me donne de ses nouvelles que quand il a besoin d'argent. D'ailleurs j'ai l'impression qu'il a toujours bu un verre de trop quand il me sollicite. Si je refuse de lui prêter des sous, il devient pénible. La dernière fois je n'ai pas décroché quand j'ai vu que c'était lui.

« Papa, tu devrais vraiment essayer de rencontrer quelqu'un, dit Stina. Pars en voyage organisé ! » Oui, merci. C'est ce que j'ai fait, je suis allé à Madère au printemps dernier. TOUS les autres étaient en couple. Ils me parlaient un peu aux repas, sinon ils restaient entre eux. Certains soirs ils se retrouvaient sur le balcon avant le dîner, deux ou trois couples braillards qui prenaient l'apéro.

Dans le bus touristique, j'essayais toujours de prendre le siège solo tout à l'avant. Sinon j'étais le seul à n'avoir personne à côté de moi. Quand ça m'arrivait, la guide venait parfois s'asseoir avec moi, elle était sympa. Vingt-sept ans, fiancée.

Mais il y a d'autres destinations, évidemment, je pourrais partir en Hollande en car, faire semblant de m'intéresser aux tulipes. Mais les dames qui font ça ont toutes entre soixante ans et la mort. Le bus plein de têtes grises et blanches. Je n'en suis pas encore là.

Après le voyage à Madère, j'étais tellement déprimé que j'ai fait un truc désespéré. J'ai demandé à Alice si elle ne voulait pas venir avec moi à Chypre. Par amitié. « C'est moi qui paie ! » Elle s'est dérobée avec l'excuse qu'elle venait de s'inscrire à une semaine de thalassothérapie sur Gotland, avec une copine. Puis elle a dit que je devrais me trouver un hobby. J'ai entendu qu'elle était embêtée, qu'elle aurait préféré raccrocher, mais il y avait aussi une sorte de petit triomphe dans sa voix, comme si elle inclinait la tête de pitié. « Le pauvre ! » Je ne le referai jamais. Je me demande si c'est vraiment avec une copine qu'elle y est allée, à son fichu centre de thalasso, et pas avec un copain.

Cinq heures et demie. Bientôt l'heure de se lever. Dans trois heures, je pourrai appeler Stina. Ou le médecin de garde, peut-être.

Oh, merde, là, ça fait vraiment mal !

Inspire, expire, inspire, expire…

Graffiti

Sans les graffitis sur les murs, jamais je n'aurais supporté les mois qui ont suivi le divorce.

Je me souviens de la première fois où je me suis tenue face à une de ces inscriptions, après une nouvelle nuit blanche sur un oreiller froissé et trempé. Elle couvrait une petite surface dans le passage cocher de mon immeuble. Des lettres hautes d'une dizaine de centimètres, de la peinture rouge qui avait dégouliné sur le mur :

« METS UN PIED DEVANT L'AUTRE !
COMMENCE À MARCHER ! »

Une société de nettoyage est venue l'enlever au bout de deux semaines.

Ce sont les graffitis qui m'ont remise d'aplomb. Je m'étais fait porter malade et étais restée apathique dans notre lit double plus ou moins vingt-quatre heures sur vingt-quatre pendant près de quinze jours. Tous les trois jours environ je me traînais à la supérette du coin pour faire des provisions. Du pain, du fromage, du thé et des soupes en boîte. Et encore, c'est tout juste si je parvenais à avaler ça.

Ce matin de mai quand j'ai vu le premier graffiti, j'ai fait demi-tour illico, je suis retournée dans l'ascenseur et suis remontée dans mon appartement, j'ai pris une douche et me suis trouvé des vêtements propres. J'ai même mis du rouge à lèvres.

Deux jours plus tard, j'étais de retour au boulot.

Ensuite les messages ont commencé à surgir à d'autres endroits. Sur le dossier du banc public dans le parc, par exemple, devant lequel j'avais eu tant de mal à passer. C'était celui qu'on avait squatté jusqu'à cinq heures du matin, le soir où on s'est rencontrés. On était tellement amoureux qu'on ne pouvait pas imaginer se lâcher ne serait-ce qu'une seconde. J'habitais encore chez mes parents, lui partageait un studio avec un copain.

Là, c'était écrit QUI ÉTAIT-IL ?? sur le dossier, avec de la peinture bleue en pattes de mouche. Ça a été un véritable choc, j'ai eu les jambes en coton et la bouche toute sèche. Car l'inscription habillait de mots une des pensées que j'avais particulièrement essayé de repousser : comment avait-il pu disparaître de ma vie après sept années passées ensemble, sans rien laisser derrière lui, excepté un vilain canapé en velours côtelé provenant de sa piaule de célibataire et un papier du tribunal administratif attestant que nous étions divorcés sans temps de réflexion préalable ? En effet, je ne savais pas qui il était, l'homme qui me manquait comme s'il était un membre amputé de mon corps. Je veux dire, je savais des choses sur lui, genre qu'il était un fervent supporter de Hammarby, mais je ne savais pas s'il croyait en une sorte de Dieu. Je savais qu'il allait souvent chez le coiffeur, mais pas si ça l'angoissait de voir ses cheveux se raréfier. Avait-il peur de quelque chose ? Du chômage, de la pollution, du vieillissement ? On n'en avait jamais parlé. On n'avait pas parlé de grand-chose en fait.

Le jour où j'ai vu les mots ENFIN MAJEURE griffonnés sur le soubassement en pierre de l'agence Swedbanken, j'y suis entrée et j'ai ouvert un compte à mon nom. On avait laissé nos salaires alimenter un compte joint auquel on avait accès tous les deux. Mais c'était lui qui vérifiait les relevés et qui jugeait s'il fallait faire attention à telle ou telle dépense. Je ne l'avais pas clôturé, j'avais eu envie de continuer à voir son nom sur les chèques et les relevés bancaires.

PLUS JAMAIS DE LA VIANDE, ai-je pu lire un matin sur la vitrine de ma supérette. Ce n'est pas resté très longtemps, quelques heures tout au plus, ce qui était amplement suffisant. J'avais commencé à penser à ce besoin qu'il avait de manger de la viande tous les jours, même si ce n'était qu'une malheureuse saucisse dégotée au fond du congélo, qu'il faisait exploser au micro-ondes. De la viande, de la viande. Et je mangeais ce qu'il mangeait, pas parce qu'il l'exigeait, mais parce que j'avais l'impression que c'était mieux comme ça, et parce que j'aimais bien le surprendre avec des repas qui lui faisaient plaisir. Il faisait la gueule s'il n'y avait pas de viande dans le frigo. Or j'essayais d'éviter de regarder son assiette au moment où il attaquait avec le couteau un épais bifteck à moitié cru, faisant couler du jus de viande rouge qui allait imbiber les pommes de terre.

Ces graffitis. Ils dissipaient l'apathie grise, m'entouraient de chaleur, me donnaient une petite tape d'encouragement au passage quand j'étais en ville. Je redressais la tête chaque fois que je les voyais. Parfois un disparaissait, parfois un nouveau surgissait.

Le mur devant le cinéma en était rempli, un des messages s'adressait directement à moi : REFUSE L'ÉPOUVANTE ! Tous ces films que j'ai subis à son côté, ces yeux de zombie éteints, ces ricanements de monstre, ces ténèbres, ces entrailles, ces corps massacrés… Il adorait ce genre de productions, il trouvait mignon que je ferme les yeux. Si bien que j'exagérais parfois. Mais je dormais mal après ces séances d'horreur.

LE MONDE T'ATTEND, clamait un autre près de la devanture de l'agence de voyages. Ça faisait un bail qu'il m'attendait, le monde. D'abord il y avait eu la maison de campagne de ses parents, toujours quelque chose à réparer, la clôture, le perron, le puits. Puis cette course de vélo, le Vätternrundan. Il aimait me voir l'applaudir à l'arrivée, c'était en quelque sorte une règle tacite. Puis un festival de musique. L'été dernier, il devait aider Per à déménager. Et du coup, les orangeraies de Sicile et le palais d'Hiver de Saint-Pétersbourg m'avaient attendue en vain pendant toutes ces années.

Puis le graffiti discret sur un rebord de fenêtre à mon travail, je le voyais toujours avant de pianoter le code d'accès à l'immeuble. TEMPS DE TRAVAIL À LA CARTE. Ça avait une petite couleur politique, mais pour moi c'était un rappel. Je pouvais travailler comme je voulais désormais, accepter des extras, des heures sup'. Plus besoin de parlementer avec lui, je n'avais pas besoin de son autorisation.

À la gare, un artiste de rue avait rempli la moitié d'un mur de tags maladroitement exécutés en noir et argent. JBN. JBN. JBN. Assez dénué de sens, sauf pour le tagueur lui-même. Mais je me suis demandé comment il faisait, ce JBN, car il avait bien fallu une bonne demi-heure pour bomber tout ça. N'avait-il pas peur d'être découvert en pleine action ? C'est le risque qui le faisait triper ?

Moi, j'étais plutôt terrorisée. Inondée de sueur froide, un goût métallique dans la bouche, je sélectionnais soigneusement mes emplacements et me mettais à l'œuvre peu avant l'aube avec un regard par-dessus l'épaule ; il ne fallait pas que ça dure plus d'une minute. Et jamais plus d'une inscription par nuit.

Après ça, finies, les insomnies.

Table des matières

Achevé d'imprimer en mars 2017
sur les presses de Normandie Roto Impression s.a.s.
à Alençon (France)
N° d'impression : 1700281

Dépôt légal : première édition, mai 2017